HISTOIRE

DE

SAINTE ODILE.

COLMAR

TYPOGRAPHIE ET LITHOGRAPHIE DE J. B. JUNG.

HISTOIRE

DE

SAINTE ODILE

OU

L'ALSACE CHRÉTIENNE

AU SEPTIÈME ET AU HUITIÈME SIÈCLE

M. L'ABBÉ WINTERER.

————✳————

PARIS

CH. DOUNIOL, LIBRAIRE

29, rue de Tournon, 29

GUEBWILLER

LIBRAIRIE JUNG

Grand'rue.

1869

Vu et approuvé :

† **A.,** Ev. de Str.

AVANT - PROPOS

Nous n'offrons pas à nos lecteurs une œuvre d'érudition. Nous aimons l'Alsace et ses gloires religieuses; la céleste figure de sainte Odile nous a particulièrement captivé: elle domine l'histoire de notre province, comme la montagne qui porte son nom domine la vallée du Rhin. Nous avons interrogé l'histoire et la tradition; nous avons demandé conseil à tous ceux que désigne notre livre et à d'autres que leur modestie ne nous permet pas de nommer : nous avons cherché à saisir le mieux possible les traits de la noble fille d'Adalric, pour essayer ensuite de les retracer. Maintenant que le tableau est terminé, nous sentons combien il répond peu à l'idéal qui est au fond de notre âme. En le présentant tel qu'il est, nous avons les sentiments du pèlerin qui suspend son ex-voto au mur de la chapelle où il a demandé et obtenu une grâce extraordinaire. Le pèlerin sait que l'ébauche qu'il suspend est imparfaite, mais il sait aussi que ceux qui viendront donner un regard à l'ébauche demanderont moins à admirer le travail du peintre que la merveille opérée par Dieu.

SAINTE ODILE.

INTRODUCTION

Dans l'histoire des saints on aime à rencontrer les noms des patrons d'une contrée ou d'une province, et l'on admire l'instinct pieux et sûr des populations qui les a discernés. Ces noms tiennent toujours profondément à la vie religieuse et même à la vie politique du pays qui les vénère ; quand on les prononce, je ne sais quelle fibre chrétienne et patriotique est tout aussitôt émue.

Sainte Odile est née avec l'Alsace, ou, peut-être mieux, l'Alsace est née avec sainte Odile. C'est avec elle et par son histoire qu'on voit se dégager du milieu de ténèbres profondes l'histoire de notre province, qu'on voit apparaître l'Alsace avec ses ducs et ses comtes, avec sa foi chrétienne et ses monastères. Sainte Odile est là comme l'ange tutélaire auprès d'un berceau, et nos pères ont eu vingt fois raison de l'appeler la patronne de l'Alsace.

Le temps actuel n'est pas aux saints. Cependant, ceux qui ne vénèrent pas avec nous la sainte ont rendu hommage à la patronne; aujourd'hui encore, nul nom n'est plus populaire en Alsace que celui de sainte Odile. Il y a quelques années, lorsque Mgr l'évêque de Strasbourg fit entendre un noble appel en faveur des lieux sanctifiés par la sainte, le mouvement devint général en peu de temps, et les Alsaciens donnèrent pieusement leur obole pour la restauration des glorieux débris de Hohenburg, du monastère de sainte Odile.

Toutefois, la mémoire d'Odile n'a pas échappé au sort des plus saintes et des plus grandes mémoires; la main de la démolition s'y est attachée. Hâtons-nous de le dire, ce n'est pas un Alsacien, c'est un Suisse qui a tenté contre l'histoire de notre sainte ce que des hordes sauvages ont entrepris contre le monastère de Hohenburg. Quelques-uns de nos lecteurs connaissent la dissertation de M. Roth, de Bâle, publiée par l'*Alsatia de Mulhouse* (*), et destinée à enlever sainte Odile à notre vénération, à nos annales, au ciel même, pour la reléguer dans la région des mythes pieux. Quoique, depuis dix ans, le nombre des pèlerins du mont Sainte-Odile n'en ait pas été diminué, nous croyons devoir nous arrêter un instant, avant de conduire nos lecteurs à Hohenburg, pour répondre aux objections de M. le professeur de Bâle.

(*) *Alsatia,* 1856-1857, p. 65.

Nous distinguons deux parties dans l'œuvre de M. Roth, l'une négative et l'autre positive : la première prétend écarter les preuves invoquées jusqu'ici par l'histoire de sainte Odile ; la seconde tend à établir que la légende de la patronne de l'Alsace n'est ni plus ni moins qu'une plante exotique, importée on ne sait comment vers le dixième siècle, cultivée plus tard par les mains pontificales de saint Léon IX, conduite enfin à son plein développement par les moines d'Ebersmunster. La méthode de M. le professeur de Bâle est de mieux en mieux connue, parce qu'elle est trop souvent employée : elle consiste à affirmer ou à nier avec audace, selon le besoin de la cause, à connaître les nuances qu'il faut mettre en lumière ou laisser dans l'ombre, à se draper d'une érudition d'emprunt, à aligner une série de *peut-être* et de *probablement* pour tirer des conclusions où il n'y a plus ni de *probablement* ni de *peut-être*.

La partie négative de la dissertation de M. Roth passe en revue les monuments du mont Sainte-Odile et les documents de l'histoire de

la sainte alsacienne. Rien de neuf dans l'appré-
ciation des monuments, rien dont l'adversaire
de nos traditions puisse se prévaloir, rien qui
ébranle notre foi de pèlerin. Conséquemment à
son système, M. Roth nie l'authenticité des reliques de sainte Odile. Le témoin qui vaut tous
les autres à ses yeux est un agent infime de la
Révolution : chargé de violer le tombeau de la
sainte, le profanateur n'aurait pas trouvé d'ossements à jeter au vent. Nous nous contenterons,
pour rétablir la vérité, de citer l'excellent *Guide
du pèlerin au mont Sainte-Odile*, par N. Schir, de
vénérée mémoire : « Le tombeau de sainte Odile
est demeuré intact pendant une durée, de plus
de dix siècles. Ce ne fut qu'aux plus mauvais
jours de 1794 que l'impiété osa, pour la première
fois, y porter ses mains sacrilèges. Le 14 août
de cette année, un agent du pouvoir, accompagné
de deux ouvriers, arriva sur la montagne avec
l'odieuse mission de faire disparaître, comme on
disait alors, ces dernières traces d'un culte fa-
natique. Déjà le sarcophage était brisé, et une

ouverture y était pratiquée. Mais soit que, par
un effet de la divine Providence, les yeux des
profanateurs fussent subitement fascinés, soit
que, saisis d'une frayeur religieuse à laquelle
ils ne purent résister, ils n'osassent pousser les
choses plus loin, ces hommes se retirèrent en dé-
clarant qu'ils n'avaient rien trouvé. Peu de
temps après cette coupable tentative, des personnes
dévouées au culte de la vierge de Hohenburg, crai-
gnant qu'on ne revînt à la charge, s'empressèrent
d'enlever les reliques du tombeau pour les mettre
en lieu de sûreté, jusqu'à ce que l'orage révolutionnaire fût passé. Elles furent réintégrées en
leur place en 1799, comme l'indique une inscrip-
tion du sarcophage, ainsi qu'un procès-verbal dé-
posé aux archives de l'évêché. »

— C'est dans l'examen des documents de l'histoire de sainte Odile que s'exerce surtout la
critique hostile et dédaigneuse de M. Roth. Ces
documents sont variés, proviennent de sources
diverses, appartiennent à différentes époques, se
lient à un ensemble de faits dont la tradition a

conservé la chaîne. M. le professeur de Bâle
sépare les documents et de ces faits et de la tradition, et les fait comparaître ensuite un à un,
selon l'ordre qui le sert le mieux : il devient
ainsi très-difficile, pour ne pas dire impossible,
de les voir dans leur véritable jour. Après cette
tactique, les airs de juge conviennent mal à
M. Roth ; il ne produit plus qu'un réquisitoire.
Nous suivrons pas à pas le critique. Dans la
discussion des documents, il sera successivement
question du Testament de sainte Odile, d'une
charte du monastère de Honau, du biographe
contemporain de la fondatrice de Hohenburg,
d'une charte de Louis-le-Débonnaire et du traité
de Mersen, de divers martyrologes, de la part
que prit sainte Odile dans la dotation ou la fondation des monastères d'Ebersmunster et de Saint-
Etienne, du nom de la patronne de l'Alsace
trouvé dans le psautier de la reine Emma, enfin
d'un panégyrique de sainte Ida.

Il existe deux exemplaires du Testament de
sainte Odile ; M. Roth les rejette l'un et l'autre

comme apocryphes. L'historien de l'Eglise de Strasbourg, l'abbé Grandidier, croyait avoir établi, dans une savante dissertation (1), l'authenticité de l'exemplaire conservé autrefois aux archives de l'évêché de Strasbourg. Inutile d'entrer dans ce débat : la cause de sainte Odile n'a pas besoin de l'authenticité du Testament. Ni Schœpflin ni M. Spach ne se prononcent pour le Testament; ils n'en admettent pas moins l'histoire de la patronne de l'Alsace.

Une charte de donation en faveur du monastère de Honau (2), de l'an 722, porte la signature d'une abbesse Eugénie (3). Or, la tradition désigne sainte Eugénie, nièce de sainte Odile, comme ayant succédé à sa tante à la tête du monastère de Hohenburg. S'il est prouvé que l'abbesse Eugénie de la charte de Honau n'est autre que la nièce de sainte Odile, le témoignage

(1) *Histoire de l'Eglise de Strasbourg*, t. 1er, p. 90.

(2) Ap. Grandidier, *Histoire de l'Eglise de Strasbourg*, t. II, pièces justif., n° 32, p. LIV.

(3) *Ego Eugenia ac ci indigna Abbatissa.*

de la tradition se trouve confirmé, et l'existence de sainte Odile avant l'année 722 ne peut plus être mise en doute. M. Roth le comprend; il essaie de nier l'identité entre l'abbesse Eugénie de la charte et sainte Eugénie de la tradition. Voici ses preuves : on ne sait, dit-il, quelle est l'abbesse Eugénie qui a signé la charte de Honau (1); il ajoute qu'un érudit a vu dans cette Eugénie une abbesse du monastère de Honau (2). Nous nous permettons de croire que M. Roth n'a pas lu la charte de Honau; il aurait reconnu qu'elle est adressée à l'abbé Benoît (3) : Honau était un monastère d'hommes; il n'avait point d'abbesse. M. Roth évite bien de dire que c'est la famille de sainte Odile qui a doté Honau, et que la charte en question est signée aussi par deux frères d'Eugénie de Hohenburg, le duc Luitfruid et le comte Eberhard. A la suite du

(1) *Alsatia*, 1856-1857, p. 94.

(2) Hergotus, *Geneal Habsburg*, t. Ier, lib. 2, cap. 18, p. 195.

(3) *Ubi Domnus Benedictus Abbas preesse videtur.*

nom des frères se place naturellement le nom de la sœur. N'en déplaise donc au critique, nous continuerons à voir Eugénie de Hohenburg dans l'abbesse qui a signé la charte de Honau, et nous invoquerons cette charte comme un document précieux de l'histoire de sainte Odile.

Schœpflin, Albrecht, Grandidier, le cardinal Pitra, et d'autres historiens ont cité un fragment historique dont l'auteur anonyme se dit le contemporain de sainte Odile. L'oratorien Jérôme Vignier a publié le précieux fragment d'après un codex du treizième siècle, communiqué par Pistor le Bègue. Ce document admis, le système de M. Roth est renversé; le professeur niera donc l'authenticité du fragment. Il note d'abord quelques terminaisons qui appartiennent à l'orthographe du douzième et du treizième siècle, et il fait remarquer ensuite que l'auteur inconnu du fragment et la chronique d'Ebersmunster se rencontrent; c'est tout, et cela suffit, selon le critique, pour écarter le document, comme si deux chroniqueurs ne pouvaient et ne devaient se rencontrer dans la vérité, comme si un copiste quelconque du fragment n'avait pu adopter l'orthographe du temps de la transcription.

Vient la charte de Louis-le-Débonnaire en faveur de Hohenburg; le professeur de Bâle lui permet de passer. Il ne peut non plus récuser le traité de Mersen de 870. M. Roth fait observer que ces deux actes désignent bien Hohenburg, mais ne nomment pas sainte Odile; donc, conclut le critique, il y avait bien un monastère de Hohenburg au neuvième siècle, mais ce monastère ne connaissait pas sainte Odile. La conclusion ne fait pas honneur à la logique de M. Roth, elle dépasse trop évidemment les prémisses. Ni la charte de Louis-le-Débonnaire ni le traité de Mersen n'étaient tenus de nommer la fille du duc Adalric. Que l'adversaire de nos traditions parcoure les archives si considérables des couvents de l'Alsace, qu'il passe en revue les nombreux diplômes de ces archives, il verra que presque tous ces diplômes se contentent de désigner les monastères, les abbés ou les abbesses, auxquels

ils sont adressés. La charte de Louis-le-Débonnaire, du 9 mars 837, et le traité de Mersen,
disons-nous à notre tour, sont des actes authentiques ; ils prouvent que le monastère de Hohenburg existait au neuvième siècle. Or, en tout
temps Hohenburg a considéré sainte Odile comme
sa fondatrice, et nul n'est en droit d'écarter,
sans preuves, cette fondatrice la seule connue.
Donc, Hohenburg existant en 837 comme en 870,
Odile, sa fondatrice, a existé avant cette double
date des diplômes.

M. Roth a cherché en vain le nom de sainte
Odile dans les anciens martyrologes qu'il a pu
consulter, en particulier dans le martyrologe de
Murbach. Il semble ne pas comprendre la manière
dont on prenait rang, avant le dixième siècle,
parmi les saints honorés d'un culte public par
l'Eglise. Le peuple fidèle, témoin de la vertu
plus qu'ordinaire des saints personnages et des
prodiges opérés par leur intercession, entourait
leur nom et leur tombeau de sa vénération. Les
évêques ratifiaient ce culte spontané, soit direc-

tement, soit en y prenant part. Un décret positif
du saint-siége n'intervint que vers la fin du
dixième siècle. De cette sorte, un saint ou une sainte
pouvait être longtemps l'objet d'un culte spécial
de toute une province sans que son nom parût
dans un catalogue quelconque. Sainte Odile est
cependant loin d'être inconnue dans les siècles
qui l'ont suivie. Pour le huitième et le neuvième
siècle, nous donnerons le témoignage de Grandidier, dont les affirmations vaudront toujours les
négations de M. Roth : « L'ancien martyrologe de
la fin du huitième ainsi que celui de Beda placent
le jour de la mort de sainte Odile au nombre des
fêtes solennelles qu'on célébrait alors dans le diocèse
de Strasbourg. Le nom de sainte *Odile, vierge et
abbesse,* se trouve aussi dans le calendrier qui est
à la tête d'un psautier du neuvième siècle; ce
psautier servait à la reine Hemma, épouse de
Lothaire, et se conservait à Reims dans la bibliothèque de St-Remi (*). » Au dixième siècle,

(*) *Histoire de l'Eglise de Strasbourg,* t. 1, p. 336.

l'histoire de la sainte alsacienne se trouve représentée sur la châsse qui renferme les reliques de saint Hidulphe, et sa vie est racontée dans la légende de Moyen-Moûtier ; à la même époque, le panégyrique de sainte Ida signale le pèlerinage au tombeau de sainte Odile. — Au onzième siècle, le nom de sainte Odile apparaît à la fois à Saint-Etienne de Strasbourg, à Ebersmunster, dans les répons de l'abbé Humbert de Moyen-Moûtier, dans une chronique de Verdun, et surtout dans la bulle de saint Léon IX. — Le cardinal Pitra a publié des extraits de deux missels de Murbach, dont l'un est du douzième siècle et l'autre du treizième : on lit dans les deux missels, conservés à la bibliothèque de la ville de Colmar, les noms de *sainte Lucie vierge* et de *sainte Odile vierge*, honorées le 13 décembre. Comment, en présence d'un tel concert de témoignages, M. Roth ne s'est-il pas rendu à l'évidence ? Il oppose les raisons les plus futiles. Il ne s'explique pas que Grandidier ait pu trouver le nom de sainte Odile au huitième

siècle. Quant au psautier de la reine Emma, ou
le psautier lui-même, dit-il, est postérieur au
neuvième siècle, ou le nom de sainte Odile y
fut introduit postérieurement. Le critique oublie
ou ignore qu'il ne s'agit pas d'un nom inscrit
sur la première page d'un livre, mais bien d'un calendrier connu et souvent cité dans l'hagiographie.
M. Roth demande ensuite si l'Odile du panégyrique de sainte Ida, celle de la châsse de
saint Hidulphe et de la légende de Moyen-
Moûtier, celle des répons de l'abbé Humbert,
celle de Saint-Etienne, celle d'Ebersmunster, si
toutes ces Odile sont bien l'Odile de Hohenburg.
De grâce, quelles seraient-elles donc? L'hagio-
phobie du professeur de Bâle l'égare; pour une
seule sainte Odile qu'il nous enlève avec ses
ancêtres et son histoire, il nous donne cinq ou
six autres sans histoire et sans ancêtres.

Nulle interprétation du critique n'est plus
étrange que la suivante. Ebersmunster se glorifiait
d'avoir été l'objet des faveurs du duc Adalric
et de sainte Odile; l'abbaye de Saint-Etienne

attribuait en partie sa fondation à celle qui fut la fille et la sœur des ducs d'Alsace. M. Roth déduit de là qu'au dixième siècle on ne savait encore dans quel monastère d'Alsace établir sainte Odile, à Saint-Etienne, à Ebersmunster ou à Hohenburg. Au dixième siècle, comme en tout temps, sainte Odile appartenait à Hohenburg : nul n'a jamais placé la vie et la mort de la patronne de l'Alsace ni à Ebersmunster ni à Saint-Etienne ; aucun de ces deux monastères n'a montré dans son enceinte le tombeau d'Odile. Odile de Hohenburg ne pouvait-elle donc pas contribuer à la fondation ou à la dotation d'autres monastères ? « En quelques années, dit son biographe contemporain, elle fit de ses nobles frères des serviteurs si dévoués du Seigneur qu'eux, leurs enfants et leurs petits-enfants prodiguèrent leurs biens à fonder des monastères. »

Deux choses étonnent également en M. Roth : le peu de consistance de sa critique et l'audace de ses affirmations. Jusqu'ici il n'a rien prouvé que son impuissance, il n'a fait qu'épiloguer en scep-

tique sur les documents que nous avons vérifiés. Ces
documents sont intacts, ils restent ce qu'ils étaient.
Voici cependant les conclusions que tire le professeur et qu'il croit avoir démontrées : 1° il n'y
a pas eu de *sainte Odile* avant le dixième siècle ;
2° il n'y a pas eu de sainte Odile *de Hohenburg*
avant le onzième siècle. M. Roth ne s'en tient
pas là : les gens de sa race ne font pas les
choses à demi. Il va nous apprendre maintenant
comment sainte Odile qui n'était pas fut un jour.
Certains ossements se rencontrèrent à Hohenburg, à la chapelle de St.-Jean-Baptiste, vers
le dixième siècle ; M. Roth ignore le jour et l'an
de leur découverte. A ces ossements mystérieux
il fallait un nom ; ils reçurent bientôt le nom
d'Odile, et nous saurons pourquoi. Ce nom était
vénéré au-delà des Vosges, dans le pays de
Toul ; pour venir en Alsace, il n'avait qu'à
passer les monts. Au huitième siècle, dit M.
Roth, Toul eut un pieux évêque, marié avant
d'entrer dans les saints ordres ; sa femme, du nom
d'Odila, s'était faite religieuse dans un couvent

fondé par la sœur de l'évêque ; cette sœur elle-
même avait été aveugle et avait été guérie à
la prière d'un saint venu de Bavière. Odila fut
la religieuse la plus distinguée du couvent qui
la reçut, également remarquable par sa naissance et ses vertus. Notre critique, toujours si
minutieux quand il demande raison à d'autres
de leurs assertions, ne nomme pas l'évêque de
Toul qu'il fait intervenir, et qui est, vraisemblablement, l'évêque Bodo, fils du seigneur Gun-
duinus. Il ne désigne pas davantage la sœur de
l'évêque, que nous croyons être sainte Salaberge.
Il évite surtout de donner les détails que voici :
Salaberge avait été, en effet, aveugle ; elle re-
couvra la vue par l'entremise d'Eustaise, abbé
de Luxeuil, qui versa de l'huile sainte sur ses
yeux. Dans la suite, elle dut se marier, même
une seconde fois après être devenue veuve ; grâce
à l'influence de l'abbé Walbert, successeur d'Eustaise à Luxeuil, elle put enfin embrasser la vie
religieuse, et fonda à Laon un célèbre monastère
qui accueillit plus tard Odila, la belle-sœur de

Salaberge. Eh bien, c'est de là que M. Roth voit se dégager, on ne sait par quel prestige connu de lui seul, d'abord l'histoire d'une sainte Odile quelconque, et successivement l'histoire d'Odile de Hohenburg : Odila devient Odilia, et Salaberge, le nom principal, disparaît. Saint Léon IX, dans sa visite aux sanctuaires de l'Alsace, trouve la légende déjà localisée et attachée aux ossements de la chapelle de saint Jean-Baptiste : dupe ou complice, au gré de M. Roth, le saint pape prête à la légende l'appui de son autorité, et s'en sert pour arriver à la restauration du monastère en décadence et en ruines. Cependant, tout n'est pas encore fait, et l'histoire de sainte Odile n'est pas entière : on n'a encore qu'une aveugle guérie qui devient une sainte et fonde un couvent. Qui pourrait être plus digne que des moines d'achever une œuvre à laquelle un pape a mis la main? Ces moines sont faciles à trouver. L'érudit de Bâle a eu la bonne chance de re- marquer « ce que ses prédécesseurs n'ont point dû (*), » à savoir que la chronique d'Ebersmunster

(*) Ils l'ont vu, mais non avec les préjugés de l'érudit de Bâle.

désigne les religieux de ce monastère comme
ayant été chargés du soin spirituel des religieuses
de Hohenburg, comme ayant été leurs confesseurs.
Des confesseurs pouvant tout, des moines étant
capables de tout, et des documents interpolés étant
sortis d'Ebersmunster, il ne peut plus exister de
doute : les moines d'Ebersmunster ont ajouté à
la légende de Hohenburg ce que l'on sait. Et les
religieuses de Hohenburg, et celles de Baume,
de Saint-Etienne, d'Andlau, et les religieux de
Moyen-Moûtier, et les plus illustres familles, et
les évêques de Strasbourg, et les empereurs d'Allemagne, et tous nos chroniqueurs, et tous nos
historiens, et nous tous, fils trop pieux et trop
crédules de l'Alsace, nous avons dit : *Amen!*

M. L. Levrault a fait à l'étrange élucubration
de M. Roth l'honneur d'une réfutation aussi solide
qu'éloquente : « On pourrait demander en quoi
la légende de sainte Salaberge infirme la légende
de sainte Odile d'Alsace, et pourquoi il y aurait
lieu de croire à sainte Salaberge, plutôt qu'à
sainte Odile ? Légende pour légende, n'est-il pas

mieux d'accepter celle qui a le plus de racines
dans la tradition, dans le respect des siècles, dans
le consentement unanime des auteurs les plus
accrédités, dans les titres et les documents les
plus en possession de l'authenticité, à celle en un
mot qui jouit du plus de notoriété ? Qui se soucie
aujourd'hui de sainte Salaberge et de sa sœur
ou belle-sœur Odile de Laon ? Qui a jamais
songé à faire de ces deux vénérables nonnes le
pivot de l'histoire d'une province, le but des pè-
lerinages de deux peuples, et l'objet des hommages
enthousiastes des dynasties les plus anciennes de
l'Europe ? Ramasser sainte Salaberge, pour la
jeter comme une pierre à la tête de sainte Odile,
c'est faire de l'érudition à faux, c'est donner à
la critique une base puérile, car si la légende
de sainte Odile est mensongère, pourquoi celle
de sainte Salaberge serait-elle plus vraie ? Si la
légende de sainte Odile a pu être copiée sur celle
de sainte Salaberge, pourquoi cette dernière n'aurait-elle pas été plutôt copiée sur celle de sainte
Odile ? (*) » Nous croyons inutile de signaler,

(*) Bulletin de la société pour la conservation des monuments
historiques d'Alsace, an. 1858, p. 149.

dans l'hypothèse de M. Roth, les impossibilités que M. Levrault ne signale pas; c'est le châtiment de la critique subversive d'affirmer l'absurde pour nier l'extraordinaire. Nous achèverons seulement de caractériser le procédé de M. Roth. Sa justice est toujours sommaire; quand il a besoin d'effacer un nom propre qui l'embarrasse, un trait de plume lui suffit. Deux religieux, deux frères, paraissent dans l'histoire de sainte Odile : saint Hidulphe et saint Erhard. Hidulphe de Trèves n'est pas un personnage historique, il n'y a pas eu d'évêque à Ratisbonne du nom d'Erhard ; ainsi prononce le critique. Il n'en demeure pas moins vrai que saint Hidulphe fut religieux au couvent de Saint-Maximin à Trèves, puis évêque de Trèves ; il devint, vers l'an 671, le fondateur de Moyen-Moûtier. Saint Erhard, frère de saint Hidulphe, vint à Ratisbonne comme évêque régionnaire; il y fonda un monastère de femmes, qui conserva plus tard le corps du saint et voulut porter son nom.

Arrivé au terme de son laborieux essai, M.

Roth paraît content de lui-même; il se persuade d'avoir exécuté la légende de sainte Odile, il sourit de son meilleur sourire d'ironie satisfaite, et il ajoute le trait final, qui consiste à voir dans le nom de *Berswinde*, mère de sainte Odile, une allusion au couvent d'Ebersmunster. C'est le dernier mot de la critique antilégendaire ; ce sera aussi le dernier mot de notre réponse. Une œuvre couronnée de ce trait est jugée.

On a pu renverser autrefois plus facilement les monuments du mont Sainte-Odile qu'on ne peut mutiler aujourd'hui l'histoire de la patronne de l'Alsace. Cette histoire reste, après la charge à fond de M. Roth, ce qu'elle a toujours été dans la pieuse croyance de nos pères.

Cette histoire est authentique, parce qu'elle offre tous les caractères intrinsèques de la vérité. Parcourez le beau livre des *Moines d'Occident*, voyez la céleste galerie des religieuses, des fondatrices de monastère au sixième et au septième siècle, et dites-nous si Odile de Hohenburg n'est pas une des leurs. Ouvrez la chronique de saint

Grégoire de Tours, et dites-nous si Adalric et Berswinde ne sont pas des personnages de l'époque mérovingienne.

Cette histoire est authentique, parce que, si elle n'avait pas eu sa place au septième siècle, les siècles postérieurs ne la lui auraient plus offerte. Au dixième siècle, aurait-on pu supposer et introduire une fille d'un duc d'Alsace ?

Cette histoire est authentique, parce qu'elle repose sur la tradition constante et générale de toute une province, tradition qui, dans ses traits essentiels, est une et la même de Hohenburg à Andlau, de Moyen-Moûtier à Ebersmunster, de Honau et de Saint-Etienne à Murbach et à Massevaux, de Trèves et de Ratisbonne à Baume-les-Dames. Les variantes des détails s'expliquent aisément : chaque localité a essayé de grandir l'importance du personnage qui était le sien ; Moyen-Moûtier a dû s'attacher davantage à saint Hidulphe.

Cette histoire est authentique, parceque la tradition qui l'affirme est appuyée de documents qui se donnent la main de siècle en siècle, et qui, pour n'avoir pu être concertés, deviennent un témoignage imposant et irrécusable.

Cette histoire est authentique, parceque, pour la rejeter, il faut accepter des conséquences impossibles. Il faut trouver des faussaires assez habiles pour s'imposer à leurs contemporains dans une question où tous étaient juges, pour parer à tout retour de la postérité, et pour effacer, dans un long passé, tout ce qui pouvait rendre témoignage contre le mensonge; il faut de trois pièces fournies l'une par nous ne savons qui, l'autre par saint Léon IX, la troisième par les moines d'Ebersmunster, il faut de ces trois pièces faire une robe sans couture; il faut porter le doute et la négation partout; il faut suspecter les mémoires les plus saintes et les plus pures; il faut s'inscrire en faux contre Mabillon, Albrecht, Schœpflin et Grandidier; il faut enfin produire une illustre famille sans ancêtres et une grande province sans histoire.

Pendant que nous écrivions ces lignes, heureux

de pouvoir affirmer une des plus saintes et des plus pures existences, deux articles de M. H. Taine nous ont été communiqués (*). Nous les avons lus, et nous sommes demeuré stupéfait. M. Taine a visité le mont Sainte-Odile, il a subi toute la fascination du merveilleux paysage, et il a trouvé, pour le peindre, une richesse exubérante de couleurs; mais là où l'âme du pélerin monte si facilement vers le Dieu des chrétiens « il a senti flotter en lui les rêves du Veda et et d'Hésiode, » il s'est abandonné aux contemplations d'un panthéisme mystique, il s'est écrié : « Les choses sont divines. » Son système le dispensait des recherches et des raisonnements de M. Roth; pour lui, Odile ne pouvait être qu'un mythe. Ni à Hohenburg, ni à Niedersmunster il n'a compris la douce beauté de cette figure angélique. Assis peut-être devant le sarcophage de la chapelle de Sainte-Odile, en face des pieuses peintures qui représentent la légende de la fille

(*) *Industriel alsacien*, 10 et 12 mars 1858.

d'Adalric, il ouvre l'*Iphigénie* de Gœthe; à la vierge chrétienne qu'il méconnaît il compare la vierge païenne, la vierge païenne non telle que le paganisme nous l'a transmise, fatale victime de divinités fatales, mais telle qu'elle est sortie des mains de Gœthe, après dix-huit siècles de christianisme. Il oppose à la fille de la grâce cette Iphigénie transformée, qu'il appelle la fille de la nature ; il ne s'aperçoit pas que ce qu'il relève en celle-ci ce sont des couleurs chrétiennes données à la terne fleur de l'Hellade. Gœthe, occupé d'Iphigénie, s'arrêta un jour longtemps et comme dans l'extase du génie devant une œuvre de Raphaël, le tableau de sainte Agathe, à Bologne ; il eut l'idée de lire en esprit son poëme à la sainte, et promit de ne pas faire dire à Iphigénie un seul mot que sainte Agathe pût désavouer. L'hommage de M. Taine à Iphigénie devient ainsi un hommage involontaire à nos saintes. M. Taine est encore injuste en parlant d'altération de la nature devant l'image de sainte Odile, quand il aurait dû trouver ses meilleures émotions et son plus bel enthou-

siasme en présence de tous les nobles sentiments
du cœur humain, portés sans effort à une perfection sublime : elle était là, mieux que dans
l'*Iphigénie*, même « sans ces tristesses involon-
taires qui murmurent au fond du cœur, » la
résignation confiante sous la main d'une Providence paternelle dans l'épreuve ; il était là,
l'amour de la famille, « avec toutes les suavités
et toutes les effusions de la bonté native, »
dans cette jeune aveugle reniée, repoussée, qui
aime si tendrement un frère inconnu, qui ne
peut être entièrement heureuse dans un asile
béni sans avoir vu son père inhumain, qui à
toutes les duretés oppose toutes les tendresses,
qui aime au-delà du tombeau, qui veut souffrir
enfin jusqu'à ce qu'elle sache que son père
ne souffre plus ; il était là, l'amour des malheureux, l'amour devenu le sacrifice : et les
ruines de Niedermunster, et les rochers de Hohenburg, et toutes les voix de la source du
rocher auraient dû le dire à M. Taine, si M.
Taine avait pu entendre. Il aurait su alors que

le Dieu des chrétiens réussit mieux à produire
la grandeur morale que les plus grands génies ne
réussissent à la rêver ; Odile serait devenue pour
lui une réalité, le touriste se serait agenouillé
en pèlerin.

— Oui ! elle est admirable la douce et suave
figure de notre sainte Odile. Après l'avoir re-
vendiquée à l'histoire de notre province, nous
la décrirons, avec le secours de M. de Bussière (*).
Nous la décrirons telle que l'Alsace l'a toujours
connue ; nous n'aurons garde de la dépouiller
de la plus aimable auréole, de l'auréole de la
légende, de l'auréole décernée par l'admiration
croyante, par la foi enthousiaste des peuples.
Nous pensons que l'histoire n'a rien à perdre au
contact de la légende ; nous raconterons les faits
acquis à l'histoire, et nous donnerons leur place
aux pieuses traditions de nos pères, « Il est juste
et naturel d'enregistrer ces traditions, sans prétendre assigner le degré de certitude qui leur

(*) *Histoire de Sainte Odile.*

appartient, mais sans prétendre non plus poser des limites à l'omnipotence de Dieu. Elles ne troubleront point ceux qui savent quels sont les besoins légitimes des peuples habitués à vivre surtout par la foi, et quelles sont les richesses de la miséricorde divine envers les cœurs simples et fidèles. Echos touchants et sincères de la foi de nos pères, elles ont nourri, charmé, consolé vingt générations de chrétiens énergiques et fervents pendant les époques les plus fécondes et les plus brillantes de la société catholique. Authentique ou non, il n'y en a pas une qui ne fasse honneur et profit à la nature humaine et qui ne constate une victoire de la faiblesse sur la force et du bien sur le mal (*). »

(*) M. de Montalembert, *Les Moines d'Occident*, t. II, p. 411.

CHAPITRE PREMIER.

Le nom d'*Alsace* apparaît dans l'histoire au commencement du septième siècle. Entre ce siècle et le temps de la domination romaine, on ne voit guère sur les bords du Rhin qu'une longue nuit et de longues tempêtes. L'invasion suit l'invasion ; ce qu'un flot a épargné l'autre le renverse ; les villes et les villas sont détruites ; la végétation couvre les voies romaines. Le renom des déserts qui se sont faits va au-delà des mers et appelle les fils hardis et entreprenants de l'Irlande et de l'Ecosse : il y aura des forêts pour tous les ermites qui viendront demander un asile ; il y aura des domaines et des terres à défricher pour tous les religieux que la Providence amènera. Les prédicateurs du christianisme, en suivant les voies romaines, avaient apporté de bonne heure l'Evangile à nos régions; au quatrième siècle, le nom des évêques de Strasbourg avait pu paraître dans les actes de conciles célèbres. Après l'invasion, longtemps il n'y a plus d'évêques de Strasbourg; on sait à peine ce qu'est devenue une église florissante.

Si Dieu permit toutes ces ruines, c'était pour construire un édifice plus fort et plus durable. Le mouvement d'immigration s'était ralenti au sixième siècle : les nouveaux habitants de la vallée du Rhin commencèrent à s'organiser ; un souffle chrétien, parti de Tolbiac, traversa les masses barbares, qu'il ne put pénétrer que lentement. Avec le septième siècle, l'organisation se dessine; les villas franques remplacent les villas romaines ; des ducs ou des comtes apparaissent; l'élément civilisateur d'alors, les monastères sont là; les saints viennent, créant les monastères ou les vivifiant; et Dieu prépare la patronne de l'*Alsatia* naissante.

Trois circonstances sont également remarquables dans la naissance de sainte Odile. Elle est la fille du duc d'Alsace, et les deux influences qui ont transformé notre province sont ainsi désignées : la religion et le pouvoir unis entre eux. Elle naît aveugle et trouve la vue au baptême : c'est le baptême qui a porté la lumière dans les ténèbres de la barbarie. Elle est donnée au monde au pied de cette montagne qui mieux que toute autre domine l'Alsace, et semble s'offrir d'elle-même pour porter l'autel tutélaire de la province.

Le père de sainte Odile était le duc Adalric ou Athic : « Il n'existe pas de généalogie aussi riche que celle du duc Adalric, dit un historien : sous cet arbre immense passent des générations qui ne sont pas encore épuisées après douze siècles ; de grands capitaines, des rois, des empereurs tels que Robert-le-Fort, Hugues-Capet, Rodolphe de Habsbourg et Maximilien d'Autriche ; des dynasties entières, nos deux premières races et les deux dernières maisons impériales de l'Allemagne ; de plus, de saintes femmes, des vierges, des anachorètes, des évêques, des papes consacrés par le culte de l'Eglise (*). » La fille d'Adalric fut la première source de telles bénédictions.

Les ancêtres d'Adalric ne sont pas aussi bien connus qu'Adalric lui-même, et Adalric n'est connu que par sainte Odile. Les historiens de

---

(*) Dom Pitra, *Histoire de St-Léger*, p. 2.

l'Alsace se sont livrés à de savantes recherches, les uns pour montrer qu'il était fils de Leudesius, maire du palais de la Neustrie; les autres, pour établir qu'il était parent de Leuthéric ou Luithéric, duc d'Alémannie. La dernière conjecture convient peut-être mieux au caractère d'Adalric, et nous explique comment il a possédé de vastes domaines sur les deux rives du Rhin.

Adalric devint duc d'Alsace ou duc en Alsace sous le roi Childéric II (*). L'obscurité qui environne son berceau règne aussi autour des prérogatives de sa dignité et de l'étendue de sa juridiction. L'histoire de sainte Odile fait peu connaître le duc, mais elle révèle bien l'homme, le leude riche et puissant des frontières de la Germanie, l'âpre fils de l'invasion qui est à l'école du christianisme. Cette histoire est le récit de la lutte de la sainteté avec les restes de la barbarie, lutte aux nombreuses péripéties, aux scènes de violence et d'émotion.

On a cherché à laver la mémoire d'Adalric comme d'une tache de sang, en distinguant le duc d'Alsace du meurtrier de saint Germain. La mort de l'abbé de Grandval est rapportée de la

(*) Selon quelques auteurs, Adalric, déjà duc en Alsace, serait devenu duc héréditaire sous Childéric II.

manière suivante. « Un nouveau duc d'Alsace, Adalric, s'était mis à opprimer les populations et à vexer de toutes les façons les moines de Grand-val, en les traitant de rebelles à l'autorité de son prédécesseur et à la sienne. A la tête d'une bande d'Alamans, aussi pillards que belliqueux, il s'approche du monastère : Germain, accompagné du bibliothécaire de la communauté (1), va au-devant de l'ennemi. A la vue des maisons incendiées et de ses pauvres voisins poursuivis et égorgés par les soldats, il éclate en larmes et en reproches : « Ennemi de Dieu et de la vérité, » dit-il au duc, « est-ce ainsi que vous traitez un pays chrétien ? et comment ne craignez-vous pas de ruiner ce monastère, que j'ai moi-même bâti ? » Le duc l'écoute sans s'irriter, et lui promet la paix. Mais comme l'abbé s'en retournait à Grandval, il rencontre sur son chemin des soldats qu'il entreprend également de prêcher : « Chers fils, ne commettez donc pas tant de crimes contre le peuple de Dieu ! » Au lieu de les fléchir, ses paroles les exaspèrent ; ils le dépouillent de ses vêtements et l'égorgent ainsi que son compagnon (2). »

(1) Rondoald.

(2) M. de Montalembert, *Les Moines d'Occident*, t. II, p. 572. D'après le récit de Bobolène.

Rien dans ce récit que le caractère d'Adalric oblige à répudier. Ce duc que la vue d'un saint arrête au milieu de ces scènes de dévastation et que les reproches du saint n'irritent pas, est bien un leude mérovingien ; c'est le père qui repousse impitoyablement son enfant aveugle et se propose de doter Ebersmunster; c'est le Germain croyant, dont les instincts sauvages ne sont pas entièrement domptés. Mais Adalric n'est pas moins généreux que violent, et la foi finit par triompher dans sa vie qu'un noble repentir termine. On ne peut s'empêcher de reconnaître une incontestable majesté dans cette figure, élevée au-dessus de celles qui l'entourent.

Un des biographes de sainte Odile donne les renseignements suivants sur la mère de la sainte : « La vénérable épouse, que le mariage avait unie à Adalric, était de très-noble naissance ; elle avait nom Berehsinda et, comme plusieurs nous l'ont appris, elle était attachée à saint Léodégar par les liens du sang *. » Berehsinda ou Berswinde apparaît à côté d'Adalric à peu près comme Clotilde à côté de Clovis, s'efforçant d'adoucir l'humeur de son époux, heureuse de tout ce qu'il entreprit pour la gloire de Dieu. Elle

(*) Ap. Dion. *Albrecht*, p. 111.

fut douce, pieuse, aimante, forte, résignée, digne de la postérité la plus illustre ; elle mérita d'être la mère de deux saintes.

L'étroite parenté qui unissait Berswinde et saint Léger ne peut être mise en doute. Ce qui le prouve, non moins bien que le témoignage des biographes de sainte Odile, c'est le zèle que mit la famille d'Adalric à propager le culte de l'évêque martyr : saint Léger fut honoré à Hohenburg, à Murbach, à Massevaux, dès l'origine de ces monastères. Quelques-uns ont pensé que Berswinde était la sœur de Sigrade, mère de saint Léger ; la date de la naissance de sainte Odile a fait croire à d'autres que Berswinde était la fille de la sœur de l'évêque d'Autun.

Le duc Adalric résidait tour à tour dans la villa royale d'Ehenheim, aujourd'hui Obernai, à cinq lieues de Strasbourg, et au château du mont *Altitona* devenu le Hohenburg. Nous aurons lieu de parler plus tard du mont Altitona et de son château. Quant à la villa d'Ehenheim, sise dans une des contrées les plus fertiles et les plus pittoresques de la fertile et pittoresque Alsace, il faut la féliciter : elle n'eut pas seulement l'honneur de remplacer une villa romaine (*) et de devenir

---

(*) M. l'abbé Gyss, *Histoire de la ville d'Obernai*, p. 1, 2.

le siège de la cour ducale d'Alsace ; elle eut encore
la gloire d'être le berceau des augustes dynasties
que nous avons nommées ; elle eut la gloire plus
grande d'être le berceau de sainte Odile. Disons
tout de suite que la villa se transforma en cité, et
que la cité se montra digne de sa glorieuse origine. — L'école des filles d'Obernai se trouve,
au dire de la tradition, sur l'emplacement de la
demeure d'Adalric ; c'est près de là que la patronne de l'Alsace est née, vers l'an 660.

Nous ne pouvons mieux raconter la naissance
de sainte Odile qu'en empruntant le naïf et
touchant récit de son biographe du onzième
siècle (*). Nos lecteurs y reconnaîtront les couleurs
de la vérité. Un enfant devait naître au duc
Adalric, et le leude altier se livrait à une joie et
à des espérances qui n'étaient pas tout-à-fait
selon Dieu. Quand arriva le jour de la naissance
de l'enfant, on vint annoncer au duc qu'il était
devenu père d'une fille aveugle. Les espérances
d'Adalric étaient cruellement déçues, et sa joie se

(*) Nous désignons ainsi ce biographe à la suite de Mabillon.
Nous reconnaissons qu'il est difficile de préciser l'époque de
cette *vie* de sainte Odile, à laquelle d'autres auteurs accordent
une date plus reculée. La critique moderne lui assigne généralement le douzième siècle.

changea aussitôt en un amer dépit : « Ah ! s'écria-
t-il, la colère de Dieu me poursuit ; pareil op-
probre ne s'est jamais vu parmi ceux de ma race. »
Il alla jusqu'à ordonner la mort de l'enfant, dont
la naissance lui parut un déshonneur. Le Germain
reprenait le dessus sur le chrétien : le duc semblait
se rappeler que ses pères décidaient de la vie et
de la mort de leurs enfants, en les recevant dans
leurs bras ou en détournant la tête ; il avait
oublié que l'enfant du chrétien est d'abord l'enfant
de Dieu, et que l'enfant disgracié de la nature
est deux fois recommandé aux soins paternels.

La tendre Berswinde eut beau intercéder : « Que
mon Seigneur ne s'afflige pas outre mesure : la
puissance de Dieu se manifestera sur son enfant
comme sur l'aveugle-né ; le Sauveur des hommes
a déclaré lui-même à ses apôtres que ni l'aveugle-
né ni ses parents n'avaient péché. » Adalric fut
insensible à ces paroles et à la douloureuse émotion de la mère. Il persista à vouloir que l'enfant
aveugle fût mise à mort ou soustraite à jamais
à ses regards ; la naissance de l'enfant devait rester
entièrement secrète. Berswinde, dans une angoisse
mortelle et tout en larmes, pria l'Esprit de Dieu,
qui est appelé l'Esprit consolateur, de venir à
à son secours ; elle se souvint au même instant
d'une de ses anciennes suivantes qu'une accusation

injuste avait éloignée d'elle, et qui habitait dans un lieu nommé Scherwiller, non loin d'Ehenheim : la suivante s'était mariée après avoir quitté le service de Berswinde, et elle était devenue mère depuis peu de temps, comme Berswinde elle-même. Mandée en toute hâte, la suivante s'empressa d'accourir ; elle fut profondément affligée en voyant la douleur de la duchesse et en apprenant le triste sort réservé à l'enfant que Berswinde lui présenta : « Ne pleurez plus, dit-elle à Berswinde. Dieu a voulu que votre enfant vînt ainsi au monde ; il peut encore lui donner la lumière dont elle est maintenant privée. Confiez l'enfant à votre servante. Je veux la nourrir et l'élever comme Dieu le prescrit. » Cette offre généreuse soulagea Berswinde, mais son cœur de mère n'en fut pas moins déchiré quand vint le moment de la séparation. Elle couvrit l'enfant de ses baisers, et, après l'avoir bénie, la remit enfin à la suivante, en disant ces mots entrecoupés de sanglots : « Je vous la confie, et je la recommande à mon Sauveur Jésus-Christ (*). »

Telle est la première page de l'histoire de sainte Odile. Le père pensait ne plus jamais revoir sa fille ; la mère comptait sur la bonté de Dieu et sur les desseins secrets de la Providence. La

(*) Ap. Dion. *Albrecht*, p. 112-113.

suivante, entre les mains de laquelle se trouvait
l'enfant prédestinée, représente le dévouement
absolu du Germain à ses chefs : elle s'estimait
heureuse de pouvoir élever l'enfant de la duchesse. Elle fit si bien que ses soins ne tardèrent pas d'éveiller l'attention. L'enfant d'A-
dalric et de Berswinde n'était pas encore depuis
un an à Scherwiller que, dans toute la contrée,
on se demandait tout bas quelle pouvait être
l'enfant aveugle entourée de ce mystère, de ces
soins et de cette distinction. Les suppositions
que l'on commençait à faire furent rapportées en
secret à Berswinde par la suivante, et toute la
douleur et toute l'angoisse de la mère furent
renouvelées ; le danger ne lui semblait pas moins
grand que lors de la naissance de l'enfant : elle
entrevoyait avec effroi ce que pouvait devenir
la colère d'Adalric si les propos de Scherwiller
parvenaient à Ehenheim. La duchesse comprit
qu'il fallait trouver à l'enfant un autre asile,
plus secret et plus éloigné. La prière porta une
seconde fois conseil.

CHAPITRE II.

Au septième siècle, l'asile des infortunes et des disgrâces était le monastère. Berswinde se souvint que des enfants de naissance noble ou royale y avaient été plus d'une fois reçus et élevés; ce fut pour la duchesse un trait de lumière: dans la maison de Dieu, se dit-elle, l'enfant sera à l'abri de tous les dangers du corps et de l'âme. Cette première pensée arrêtée, le choix d'un monastère était facile. Des monastères nom-

breux prospéraient dans les solitudes de la Bourgogne, au-delà des terres d'Adalric. Une tante de
Berswinde se trouvait à la tête d'une de ces communautés naissantes ; elle et ses religieuses ri-
valisaient de ferveur avec les moines de la
contrée. C'est au pieux et tendre dévouement
de cette tante que Berswinde confiera son enfant
aveugle ; et les préparatifs du départ seront faits en
toute diligence, car il faut se hâter : au moindre
écho des bruits de Scherwiller, la colère d'Adalric
éclaterait terrible et inexorable. — La tradition
et les biographes de sainte Odile s'accordent à
désigner comme l'asile de l'enfant aveugle le
couvent de Palma, plus tard Baume, à quelques
milles de Besançon (*).

La suivante qui avait offert de recueillir la
fille d'Adalric voulut aussi l'accompagner au
monastère de Palma. Quand Berswinde lui fit
ses recommandations, on put voir sur le front de
la mère un rayon de cette espérance qui présage

(*) Le culte de saint Léger tout autour de Baume vient à
l'appui du témoignage de la tradition et des biographes. La
montagne la plus voisine de Baume-les-Dames a conservé le
nom de ce saint ; et une église y avait été érigée en son honneur.
(M. l'abbé Besson, *Mémoire historique sur l'abbaye de Baume*,
p. 23).

l'avenir. On donna, sans doute, encore une autre escorte à la jeune exilée : le voyage était long, et tout voyage en ces temps et en ces pays avait des dangers. L'histoire de sainte Odile n'a pas conservé le souvenir des épisodes de cette fuite; nous pensons qu'il y eut des traits d'une touchante hospitalité, et que plus d'une angoisse traversa l'âme de la suivante.

Dans les monastères, lorsqu'un pauvre ou un malheureux se présentait à la porte, celui qui était chargé de le recevoir disait : *Grâces à Dieu!* Quels durent être les sentiments des religieuses de Palma quand arriva l'enfant de Berswinde, disgraciée de la nature, reniée par son père, exilée dès son berceau? Elle fut accueillie comme un trésor trois fois précieux. Il n'y eut pas une seule des pieuses recluses qui, en la voyant, ne fût émue d'une tendre compassion, et n'offrît tout aussitôt pour elle une prière partie du cœur. L'abbesse se réserva probablement le secret de sa naissance, ce qui n'empêcha point les religieuses de deviner une origine illustre. Les chroniqueurs rapportent que la fidèle suivante ne put se résoudre à se séparer de l'enfant de la duchesse et qu'elle obtint de demeurer avec elle à Palma.

Nous ne connaissons pas d'autres détails de la première enfance de sainte Odile. Si les faits

que nous venons d'exposer ne suffisaient pas
pour concilier au berceau de la patronne de
l'Alsace la plus vive compassion, et pour faire
reconnaître en elle la protégée de Dieu, nous
serions tenté de reprocher aux chroniqueurs un
trop grand silence. Ils se contentent de dire que
l'enfant de Berswinde grandit heureusement à
Palma et que sa belle âme s'ouvrit facilement
aux choses de Dieu ; puis ils passent rapidement
de son berceau à son baptême, malgré les années
qui les séparent l'un de l'autre. Ainsi, après avoir
vu à peine apparaître la sainte, nous nous trouvons déjà en face de l'évènement qui est le pivot
de son histoire. Nous demanderons du moins aux
chroniqueurs, à la tradition et à l'histoire contemporaine tous leurs renseignements sur le baptême de sainte Odile.

Un biographe d'Odile veut qu'elle ait été bap-
tisée et qu'elle ait recouvré la vue dans la fuite
même, au monastère de Moyen-Moûtier ; mais
cela contredit à la fois la tradition des couvents
de Baume et de Hohenburg, et l'histoire des
saints personnages que Dieu appela au baptême
de la patronne de notre province. Quelques chroniqueurs marquent l'âge de six ans pour le baptême de la sainte ; d'autres, et ce sont les plus
nombreux, assurent qu'elle descendit dans les

fonts sacrés à Palma, vers l'âge de treize ans (1).
Nous voilà entouré d'incertitude. On ne s'éton-
nerait point que l'enfant de Berswinde n'eût
pas été régénérée à la villa d'Ehenheim ni à
Scherwiller : elle quitta Ehenheim aussitôt après
sa naissance, et un secret absolu devait protéger son séjour à Scherwiller ; d'ailleurs, au
septième siècle chaque bourg naissant de l'Alsace
n'avait pas son baptistère. Mais pourquoi un si
long retard à Palma ? On a demandé et nous nous
demandons de même si le baptême à l'âge de
treize ans n'était pas un baptême sous condition (2).
Nous ne pouvons répondre. Hélas ! quel rayon de
lumière viendra jamais dissiper toutes les ombres

(1) Cette tradition est la plus constante, la plus générale et
celle que le bréviaire de Strasbourg a adoptée. — Odile était
représentée comme adolescente au moment de son baptême sur
un des côtés de la châsse de saint Hidulphe à Moyen-Moûtier.
— L'abbaye de Baume se glorifiait autrefois de conserver
le voile qui couvrit Odile au sortir des fonts ; ce voile ne pouvait
convenir à une enfant de six ans ou au-dessous. Enfin, la vie
de saint Hidulphe rapporte que, avant le baptême, la catéchumène fut examinée et dut répondre sur les articles de la foi
chrétienne.

(2) Au huitième siècle, saint Boniface ordonna souvent de
rebaptiser des enfants et des adultes dont le premier baptême
avait été invalide ou douteux.

qui couvrent les annales du septième siècle ?

Deux frères, deux saints furent choisis de Dieu
pour le baptême de l'enfant de bénédiction : saint
Erhard et saint Hidulphe. L'un assista l'autre.
Moyen-Moûtier réclamait autrefois l'honneur du
baptême pour son fondateur, mais plus de trente
chroniqueurs et historiens plaident en faveur de
saint Erhard. Les deux frères étaient moines :
ils sortaient, selon toute apparence, de l'ancien
Noricum devenu le pays des Baïoariens ou des
Bavarois; leurs noms indiquent une origine germaine. Hidulphe avait été abbé du célèbre monastère de Saint-Maximin à Trèves, où il avait
introduit la règle de saint Benoît. Comme un
grand nombre d'autres religieux, l'abbé de Saint-
Maximin avait dû devenir évêque, et, comme
un grand nombre d'autres évêques, l'évêque de
Trèves était redevenu moine. Il avait eu faim et
soif de la solitude : il était venu avec quelques compagnons parcourir les défilés sauvages des Vosges,
et s'était arrêté, vers l'an 671, dans une plaine
entourée de hauteurs au pied desquelles coule la
petite rivière appelée *Rapin*. Aux cellules de Hidulphe et de ses compagnons s'en étaient ajoutées
promptement d'autres, et le siècle des fondations
monastiques comptait un monastère de plus, le monastère tant connu dans l'histoire de la Lorraine

sous le nom de *Moyen-Moûtier* (*). Saint Erhard
appartient à la phalange des moines missionnaires : ni les obstacles ni les distances, ni la
multiplicité des œuvres ne purent jamais le lasser.
Il compte parmi les plus illustres de ces évêques
régionnaires qui préparèrent les voies à saint
Boniface et continuèrent, sur les bords du Rhin
et dans le sud de l'Allemagne, l'impulsion donnée
par saint Colomban. Il fonda à Ratisbonne le
couvent de Niedermunster, qui devait perpétuer
son nom et recueillir ses dépouilles. Nous dirons
comment il fut appelé à Palma, et les relations
qu'il eut ainsi avec la Bourgogne ne nous éton-
neront point : la Bourgogne n'était pas inconnue
à son pays, car c'est de Luxeuil qu'étaient venus
aux Baïoariens deux de leurs principaux apôtres :
l'abbé Eustaise et son disciple Agile ou Eigile.

Or donc, le saint missionnaire Erhard eut un
jour une vision : « Lève-toi, lui dit le Seigneur;
pars pour le monastère de Palma : tu y trouveras
une vierge aveugle depuis sa naissance, tu la bap-
tiseras au nom de la sainte Trinité et, après le baptême, la vierge aveugle verra la lumière du jour. »
Les moines étaient dociles à la voix de Dieu.
Erhard se hâta de partir, passa le Rhin, traversa

(*) Entre Sénones, Etival, Saint-Dié et Bon-Moûtier.

l'Alsace, franchit les Vosges, et vint trouver dans
sa cellule Hidulphe, son frère, qu'il voulut associer
à sa mission. Il arriva que Hidulphe connut et
comprit tout, avant même que son frère n'eût parlé;
les frères s'embrassèrent et, comme s'ils n'avaient
eu qu'une seule âme, pleine du désir de servir
Dieu, l'un résolut à l'instant ce que voulait l'autre.
Erhard et Hidulphe quittèrent Moyen-Moûtier,
accompagnés des vœux de tous les religieux. Leur
voyage eut beaucoup de fatigues, mais encore plus
de consolations. Quand les dernières ramifications
des Vosges se dessinèrent enfin à l'horizon, ils
tressaillirent : ils voyaient la terre de Bourgogne, ils n'étaient plus loin de Palma. Ils
n'avaient qu'à suivre le cours sinueux du Doubs
pour parvenir à la solitude charmante où Palma
s'élevait humble et silencieux comme la prière. On
se représente l'étonnement et la joie qui furent
communs à toutes les religieuses lorsque, à l'entrée
du monastère, saint Erhard demanda à voir la
vierge aveugle et annonça le but de sa pérégrination. Les deux frères se répandirent en larmes
d'attendrissement et en prières quand ils virent
l'enfant privée de la vue : « Seigneur Jésus, »
dirent-ils, «vous qui êtes la vraie lumière et qui
éclairez tout homme venant en ce monde, faites
tomber sur cette vierge, votre servante, la rosée

de votre miséricorde; donnez la lumière de la grâce à son âme et la lumière du jour à son corps. »

Les chroniqueurs racontent les apprêts du baptême. Il y eut une fête générale dans la communauté. La catéchumène fut examinée sur les mystères de la foi, et ses réponses furent étonnantes de sagesse. Elle dut aussi répondre elle-même aux interrogations qui précédèrent l'administration du sacrement. « Renonces-tu au démon ? » demanda saint Erhard. La vierge répondit : « Je renonce au démon. » — « Et à toute *ghilde* du démon? — Je renonce à toute *ghilde* du démon. — Et à toute œuvre du démon? — Je renonce à toute œuvre et à toute parole du démon; je renonce à Wodan, à Donar et à Saxnot, et à tous les esprits malins qui sont leurs compagnons. — Crois-tu en Dieu le Père tout puissant? — Je crois en Dieu, le Père tout-puissant. — Crois-tu en Christ, le Fils de Dieu? — Je crois en Christ, le Fils de Dieu. — Crois-tu en Dieu le Saint-Esprit? — Je crois en Dieu le Saint-Esprit. » (1).

---

(1) Nous avons emprunté cette formule au concile de Leptines célébré en 745 ; elle reproduit au vif le caractère de la société germaine passant au christianisme :

Forsachistu diabolae
et resp. ec forsacho diabolae

Les religieuses prièrent ardemment pendant que les saints rites s'accomplissaient. La vierge aveugle descendit bientôt dans les fonts sacrés, et l'on entendit l'évêque Erhard prononcer très-haut et très-solennellement les paroles sacramentelles. Les prières devinrent ensuite plus instantes. L'évêque prit le saint chrême et oignit les yeux de la vierge, en disant d'un ton ému et plein de foi : « Au nom du Seigneur Jésus-Christ, que ton corps voie comme ton âme. » O prodige! à ce moment les yeux qui ne voyaient pas se prirent à regarder : leur regard demeura quelque temps fixe et immobile, et il était dirigé vers le ciel. Nul ne peut exprimer le saisissement des deux frères, de l'abbesse de Palma et de toutes les religieuses. Chacune de celles-ci

end allum diabol gelde
respôn end ec forsacho allum diabol geldae
end allû diaboles uercum
resp. and ec forsacho allum diaboles uercum end
uuordum thunaer ende uuoden ende saxnote
ende allem them unholdum the hira genotas sint
Gelobistu in got alamechtigen fadaer
ec golobo in got alamechtigen fadaer
Gelobistu in crist godes sunu
ec gelobo in christ gotes sunu
Gelobistu in halogan gast
ec gelobo in halogan gast. (Ap. Hefele, *Conciliengeschichte*,
t. III, p. 470).

voulut s'assurer par elle-même de la réalité du miracle, et Dieu fut mille fois loué et adoré. Quand un premier mouvement d'admiration et de frayeur eut fait place à une joie plus calme, l'évêque Erhard couvrit la vierge du voile baptismal, et, s'adressant aux religieuses, il glorifia avec effusion la puissance et la bonté de Dieu : « Il n'est pas écrit qu'avant le Christ un aveugle-né ait été guéri. C'est sa toute-puissance qui vient d'opérer ce miracle. Ne ressemblons pas au peuple juif : il vit les yeux des aveugles s'ouvrir et resta lui-même aveugle. » Ainsi parla saint Erhard ; Hidulphe bénissait comme son frère le Dieu qui guérit les aveugles-nés.

Au baptême la vierge de Palma reçut le nom d'*Ottilia* ou *Odilia,* indiqué dans la vision de saint Erhard. C'est de ce nom choisi de Dieu et destiné à devenir si cher aux hommes que nous appellerons désormais l'enfant du miracle. L'origine de la vierge fut dévoilée aux deux frères. L'évêque Erhard eut plusieurs entretiens avec celle qui était devenue sa fille dans le Seigneur. Comment les reproduire ? Qu'est-ce qu'un saint devait dire à une sainte ? Il lui remit une cassette contenant de précieuses reliques (les reliques accompagnaient toujours les moines), il lui annonça que sa fidélité obtiendrait de nouvelles et

très-grandes grâces. Sur le point de quitter
Palma, il donna à Odile le baiser de paix et lui
fit ses adieux en ces termes : « Puissions-nous,
ô ma fille, par la miséricorde de Dieu, nous
revoir au royaume céleste ! » L'évêque missionnaire recommanda une dernière fois à l'abbesse de
Palma de veiller sur le trésor qui lui était confié ;
il bénit ensuite les religieuses et leur monastère,
et, la joie et la reconnaissance dans l'âme, il s'en
retourna pour prêcher, jusqu'à sa bienheureuse
mort, le Christ dont il venait d'admirer la puissance. De son côté, Hidulphe, non moins édifié et
non moins heureux, alla porter la nouvelle des
merveilles de Palma à ses frères de la solitude.
Quelques historiens ont pensé qu'il se rendit de
Moyen-Moûtier à Ehenheim pour informer le duc
Adalric et son épouse Berswinde des grandes
choses opérées par la Providence divine en faveur
de leur fille.

Nous laissons à penser les impressions de l'âme
d'Odile quand elle put voir les traits de celles
qu'elle vénérait et aimait, quand elle put apercevoir des lèvres qui lui souriaient et des regards
qui rencontraient son regard, quand elle put longuement considérer l'autel, la croix et puis sa
chère cellule, quand elle put admirer enfin le
beau ciel, et la montagne, et la plaine, et la

riche verdure, et les fleurs que la Providence et
le soin des religieuses avaient multiplié s près de
Palma. Quelles révélations lui vinrent d'abord
par les yeux de son corps et quelles autres révélations lui arrivèrent ensuite par les yeux de son
âme ! Elle vécut comme dans une sainte ivresse
qu'on ne peut décrire, et qui était un mélange
d'admiration, de bonheur, de reconnaissance et
d'amour de Dieu. Elle allait toujours des créatures
à leur créateur : colombe toute pure, elle prenait
facilement son essor vers le ciel.

Une nouvelle vie avait commencé pour Odile.
Les fruits de son baptême et les fruits du
miracle se développaient en même temps. Elle
eut un désir immense de connaître les choses de
Dieu et elle éprouvait comme une passion de
dévouement. Malgré son âge si tendre, elle demandait à partager tous les exercices des religieuses : elle voulait prier, chanter les Psaumes,
travailler, se fatiguer, jeûner, se livrer aux
grandes austérités. On la vit toujours pleine de
douceur, car ses privations l'avaient habituée
à souffrir ; elle fut humble, car elle reconnaissait
la main de Dieu. Elle se sentait principalement
portée à remercier Dieu le jour où elle put,
elle aussi, tenir en ses mains les divines Ecri-
tures et les livres pieux que possédait le mo-

nastère. Ce fut pour elle la jouissance la plus douce lorsqu'elle parvint à lire et puis à transcrire une première page d'un de ces livres.

Cependant Odile ignorait encore sa naissance, et on ne pouvait lui cacher indéfiniment le nom et le rang des siens. Il était permis d'espérer que sa guérison miraculeuse modifierait la détermination de son père, et il fallait préparer la vierge à tout ce qui pouvait résulter de la mission de saint Hidulphe auprès du duc Adalric. L'abbesse de Palma employa, pour instruire Odile, la prudence et la délicatesse d'une religieuse initiée au secret des cœurs. Les chroniqueurs, habitués à voir de préférence les faits du dehors, racontent peu les luttes et les péripéties de l'âme, mais ceux qui nous lisent sauront se représenter la série de vives émotions que traversa la vierge en apprenant son sort. Ses actions de grâces devinrent de plus en plus ferventes; elle conçut une profonde compassion pour son père, un amour sans bornes pour la mère qui lui avait donné et sauvé la vie, l'attachement le plus dévoué envers la suivante qui ne l'avait jamais abandonnée et envers le monastère de Palma qui lui avait offert un asile aussi hospitalier.

Du jour où Odile connut sa famille, elle ne l'oublia plus devant Dieu. Elle ne négligea au-

cune occasion de s'enquérir des siens : l'amour
filial germait dans son cœur à son insu ; elle éprouvait je ne sais quoi qui l'attirait vers le lointain
Ehenheim. Parfois elle ressentait comme la douleur
des exilés. C'était la Providence qui disposait in-
sensiblement ses voies.

L'heure marquée n'était cependant pas encore
arrivée. La mission de l'abbé de Moyen-Moûtier
échoua : le saint religieux, qui avait le don de
toucher les cœurs, ne put vaincre Adalric. Il
aperçut sur le front du père un rayon de joie
mal dissimulée lorsqu'il lui apprit que sa fille
voyait, et le duc était profondément saisi en
apprenant les circonstances du prodige. Hidulphe
obtint même des faveurs qu'il ne sollicitait pas,
mais il n'obtint point ce qu'il était venu demander en son nom, au nom de son frère Erhard, et surtout au nom de Dieu qui avait guéri
Odile. L'orgueil du leude n'était pas encore dompté.
Ramener Odile au domicile paternel, ne serait-ce
pas proclamer la faute de son père ? La vue de
l'enfant si injustement repoussée et depuis comblée
de faveurs divines, pourrait-elle ne pas être un
continuel remords ? Si donc le cœur paternel et
la foi du chrétien plaidèrent un instant le retour
de l'exilée de Palma, la fierté germaine se pro-
nonça trop haut pour le maintien de l'exil ; et

l'exil fut maintenu. D'ailleurs, depuis l'éloignement d'Odile, quatre fils et une fille étaient nés
au duc d'Alsace.

Le séjour d'Odile au monastère dut se prolonger
encore plusieurs années. Bien qu'elle ne fût pas
religieuse, elle s'initia de plus en plus aux pratiques, aux renoncements et aux ardeurs de la vie
monastique. L'écho des passions et des agitations
du monde mérovingien venait de temps en temps
troubler le silence de Palma, et produisait dans
l'âme d'Odile une aversion mêlée de pitié; l'amour
de la solitude s'emparait de son cœur et allait le
conquérir pour toujours, quand une douloureuse
épreuve ranima vivement les aspirations qui
sommeillaient.

La suivante de Berswinde, la Germaine fidèle
jusqu'à l'oubli d'elle-même, tomba malade. La
maladie fut longue, « afin que cette femme vertueuse pût dès cette vie satisfaire entièrement à
la justice divine, et que la grande charité d'Odile
parût à tous les regards. » Dès le premier instant, Odile oublia qu'elle était la fille du duc
d'Alsace, pour ne voir dans la suivante que sa
bienfaitrice et la servante du Christ : elle demanda à l'abbesse, sa tante, de pouvoir passer
ses journées et bientôt ses nuits auprès du lit de
douleur ; elle rendit soins pour soins, consola

la malade, fortifia la mourante. Quand la dernière heure sonna enfin, la suivante mourut doucement dans les bras d'Odile, et ce furent les nobles mains de la vierge qui fermèrent les yeux de la défunte. Les chroniqueurs disent qu'un prodige signala plus tard le tombeau de cette humble femme pour la glorification d'Odile. Quatre-vingts ans après la mort de la suivante, son tombeau fut ouvert, et l'on trouva intact le sein qui avait nourri la servante de Dieu, tandis que tout le reste du corps était devenu cendre et poussière.

Nos lecteurs pensent assurément et non sans raison que, pendant la longue maladie, surtout dans les nuits sans sommeil, la suivante épancha souvent son âme pleine de souvenirs, qu'elle parla vingt fois de Berswinde, sa très-noble et très-bonne dame, qu'elle rappela à l'exilée les scènes de son éloignement et de sa fuite. Après la mort de la suivante, Odile s'attacha à ces récits comme on s'attache aux paroles de ceux qu'on a aimés; et ces récits la conduisaient à Ehenheim: elle entendait son père qui ne lui paraissait pas inflexible; elle voyait sa mère; elle se souvenait de tout ce qu'elle avait pu recueillir sur sa famille, grâce à des relations devenues plus fréquentes entre Palma et la villa d'Adalric depuis la mission de saint Hidulphe ; elle connaissait l'âge, le nom, les qualités de ses quatre frères et de sa sœur ; elle prononçait plus souvent le nom de son frère Hugues, qu'on lui avait dépeint comme un jeune seigneur aussi bon et pieux que noble et plein d'un magnanime courage.

Or, un jour que le désir de voir ses parents, ses frères et sœur était devenu plus vif dans le cœur de la fille d'Adalric, elle eut comme une inspiration et résolut d'adresser un message à son frère Hugues. Selon quelques chroniqueurs, la jalousie de l'une ou de l'autre religieuse envers la vierge privilégiée de Dieu aurait contribué à la résolution d'Odile. Parmi les biographes il en est aussi qui parlent, non d'une seule lettre, mais d'une correspondance entretenue pendant quelque temps entre l'exilée et son frère. Quoi qu'il en soit, ni la lettre ni la correspondance ne doivent paraître étranges. N'avons-nous pas la correspondance des religieuses anglo-saxonnes avec saint Boniface ? « N'est-il pas constant que les études littéraires étaient cultivées, au septième et au huitième siècle, dans les monastères de femmes, avec non moins de soin et de persévérance que dans les communautés d'hommes, et peut-être

avec plus d'entraînement encore (*). » Combien
l'on regrette de ne plus posséder la lettre d'Odile !
Avec quelle tendresse elle dut. s'y épancher !
car la sainteté n'étouffe jamais les sentiments
légitimes; elle les dirige et les perfectionne. Odile
enveloppa sa lettre d'une pièce d'étoffe écarlate,
souhaita un voyage heureux à l'homme qui voulut
être son messager, et pria Dieu de faire arriver
au but désiré le messager et le message.

On peut conjecturer sans grande crainte de faire
erreur que, depuis la mission de saint Hidulphe,
Berswinde avait appris à ses enfants l'existence
de leur sœur. Hugues connaissait Odile comme
il en était connu, et son cœur était fait pour la
comprendre. Les chroniqueurs, allant droit au
fait, se taisent sur l'émotion que produisit la
lettre d'Odile. « Le comte Hugues, au rapport
du biographe du onzième siècle, ne lut pas seulement la lettre avec grande attention, mais encore
il ne craignit pas de paraître devant Adalric :
Seigneur bien-aimé, dit-il, écoutez la prière du
serviteur qui s'adresse à votre clémence. » Le
père répondit : « Si ta demande concerne les
affaires de mon administration, il n'est pas juste
de l'accorder. » Le fils continua : « S'il plaît à

(*) M. de Montalembert, *Les Moines d'Occident*, t. 5, p. 303.

votre bonté paternelle, elle peut m'exaucer : votre fille est en pays étranger, elle n'a pas la consolation de connaître son père et sa mère ; j'ose demander qu'elle puisse venir dans votre demeure et paraître en votre présence. » Adalric arrêta brusquement son fils, et le renvoya avec dureté.

Un refus aussi impitoyable affligea profondément le généreux comte Hugues, mais il aimait trop sa sœur inconnue, et il ne se découragea point. Jugeant le cœur de son père par le sien propre, il pensa que la présence de sa sœur obtiendrait ce que lui-même n'avait pas obtenu, et il résolut de mander Odile à l'insu d'Adalric. Berswinde n'était-elle pas dans le secret des démarches et de la résolution de son fils Hugues ? En dépit du silence de tous les chroniqueurs, nous croyons à la complicité de la mère. Une basterne, accompagnée d'une escorte, partit secrètement pour ramener l'exilée de Palma. Hugues ne fit pas connaître à sa sœur la réponse de son père ; il se contenta de la saluer tendrement, et lui recommanda de ne plus tarder de se mettre en route pour rejoindre bientôt ceux qui l'attendaient avec un très-grand désir de la voir.

CHAPITRE III.

Avant de poursuivre notre récit et de dire comment Odile revint en Alsace, nous avons besoin de raconter brièvement ce qui se passa à la cour ducale après l'éloignement de l'enfant aveugle. Nos lecteurs savent que Berswinde devint mère de quatre fils et d'une fille : les chroniqueurs et d'anciens documents donnent les noms des quatre fils; ils s'appelaient Adelbert, Etichon, Hugues ou Hugon, Batichon ou Batachon. Nous connaissons déjà Hugues et son noble cœur;

la suite de cette histoire nous amènera à parler de sa sœur Roswinde et de ses frères.

Quant au père de sainte Odile, si nous l'avons vu rester sourd aux supplications de saint Hidulphe et à celles du jeune comte Hugues, il ne fut pas entièrement rebelle à l'influence salutaire de Berswinde. Un homme de Dieu obtint encore un grand ascendant sur le leude; ce fut un saint ermite, un saint religieux, que les populations émerveillées appelèrent le *Bon Homme,* et dont ce surnom a perpétué le souvenir parmi nous. Un moine nous apparaît presque partout où se faisait le bien au septième siècle. Déodat, c'était le nom du religieux, avait été évêque de Nevers. Les solitudes des Vosges l'appelèrent. Il eut d'abord beaucoup de peine à trouver le lieu de son repos, non que la forêt refusât une retraite et des branches, non que la source ne voulût donner son eau, mais parce que les habitants des lieux qu'il choisit, peut-être encore païens et plus sauvages que leurs bois, poursuivirent d'avanies et de vexations le solitaire inconnu. Il fut forcé de quitter les Vosges lorraines où il retourna plus tard, et vint demander un meilleur accueil à l'Alsace. Il fut d'abord l'hôte et le compagnon d'Arbogast dans la Forêt sainte. La main de Dieu le conduisit ensuite à Novientum, où, plusieurs siècles auparavant, saint Materne avait renversé un sanctuaire de Teutatès. Quelques cellules de religieux s'élevaient là sur les bords de l'Ell. Déodat fut accueilli comme un frère, pour être bientôt vénéré comme un père. Sa réputation ne tarda pas d'être grande dans la contrée. Son nom parvint à Ehenheim; et, soit que Berswinde intercédât, soit que le souvenir de saint Germain demandât une expiation, soit enfin que le prestige du saint évêque fît tout par sa seule action, des relations étroites s'établirent entre Adalric et Déodat. L'homme de Dieu agissant et le duc d'Alsace aidant, on vit de nouvelles cellules s'ajouter aux anciennes, et une église put être construite. On y employa les débris épars du temple païen. Adalric obtint de saint Ambroise, abbé d'Agaunum, des reliques de saint Maurice et de la légion Thébéenne pour la nouvelle église. Quand celle-ci fut consacrée, un nombreux clergé, venu de loin, entourait Déodat. Adalric était présent avec toute sa cour, et Berswinde avait préparé pour la solemnité de très-riches ornements. Et ainsi prit naissance l'abbaye d'Ebersmunster, qu'Adalric dota ensuite, qu'il protégea jusqu'à sa mort, que la fille d'Adalric devait aimer d'un amour de prédilection, et qu'elle devait unir à son propre monastère par des liens semblables qui avaient uni Adalric à Déodat.

Jérôme Gebwiller, qui rapporte l'origine d'Ebersmunster d'après la chronique de Novientum, nous apprend aussi comment le duc Adalric songea à se préparer une seconde résidence et à s'établir à Hohenburg, où bientôt notre récit va nous conduire. La légende et l'histoire, la poésie et l'érudition ont également fait connaître l'Altitona de l'époque gallo-romaine, le Hohenburg du moyen-âge, le mont Sainte-Odile d'aujourd'hui. La position géographique de cette hauteur, sa conformation, la plaine qui se déroule à ses pieds, les cimes boisées qui forment cortége à la montagne, son sommet nu, ses pentes abruptes, les sombres forêts qui couvrent ses flancs, les énormes blocs de pierre semés sur son étendue comme les débris d'une montagne en ruines, ce que la nature a prodigué à cette élévation et ce que les hommes ont ajouté à l'œuvre de la nature, tout est vraiment fait pour saisir l'imagination, tout a vivement impressionné les hommes de tous les âges : ils ont toujours rencontré en ces lieux la pensée de la Divinité.

Comment dire les vicissitudes de la hauteur célèbre ? Suivant une opinion très-probable, elle était consacrée dans des temps reculés, au culte druidique ; et elle se prêtait facilement aux mys-

tères et aux terreurs de ce culte : les retraites pour
les corporations sacerdotales n'y manquaient pas,
les roches qu'on y voit pouvaient être de ces
chaires de Belen où s'allumaient les feux sacrés,
ou encore de ces autels sinistres trop souvent
arrosés du sang des victimes humaines. On rangea
les blocs épars, soit pour marquer l'endroit où
s'accomplissaient les rites sacrés, soit pour écarter
les profanes ; et ce fut l'origine première de l'immense enceinte connue dans les documents comme
dans la tradition et la légende sous le nom de
Mur païen. Vinrent les temps de décadence du
druidisme, temps de troubles et de luttes ; l'enceinte druidique s'offrait comme une défense et se
développa. Une tradition veut qu'elle ait été forcée
plus tard par Jules César. Les légions s'y établirent
alors, et l'aigle romaine parut comme une menace
sur la hauteur. Lorsque le mouvement germanique
jeta au-delà du Rhin des masses sans cesse renouvelées, l'enceinte devint plus que jamais un camp
de refuge, et reçut avec l'empreinte de l'art
romaine sa forme définitive. Un *castellum* fut
construit sur le plateau de Sainte-Odile.

C'est peut-être à cette époque que la montagne
prit le nom gallo-romain d'Altitona (*). L'invasion

(*) **Du latin altus**, élevé, et du celte Tun ou Dun, hauteur.

formidable du commencement du cinquième siècle
dut surtout pousser vers l'Altitona les populations
épouvantées. Serait-ce là que vinrent disparaître
les restes de la domination romaine, à l'endroit
même où l'aigle avait été le plus fièrement
plantée ? « Lorsque, dans la nuit du dernier décembre 406, le Rhin, toujours propice aux barbares par ses gelées, eut vomi sur nos rives leurs
innombrables masses, l'enceinte de notre *Heidenmauer* dut se remplir d'une foule étrangement
bigarrée de fuyards accourant de toutes parts
chercher un abri derrière ses murailles tutélaires !
Comme les deux voies pavées, dites aujourd'hui
d'Ottrott et de Barr, durent se couvrir de vieil-
lards, de femmes, d'enfants éplorés, de soldats
débandés, de chevaux de guerre, de bêtes de
somme, d'esclaves chargés de fardeaux à l'égal
des bêtes de somme ! Comme ils devaient se pres-
ser, se coudoyer, se heurter sur ces voies de
salut devenues trop étroites, les riches proprié-
taires des villas de la plaine montés sur leurs
meilleurs chevaux de course, les sénateurs muni-
cipaux d'*Argentoratum* et d'*Helvetus*, se drapant
en vain dans leurs toges pour se faire céder le

fortifiée (M. l'abbé Gyss, *Histoire de la ville d'Obernay*, t. Ier,
p. 4).

premier pas dans la fuite!... tandis qu'à l'arrière-
garde de toute cette cohue, prêts à lui faire un
rempart de leur corps et à la sauver par leur
force morale, les prêtres et les diacres de l'église
d'*Argentoratum*, entourant leur évêque et chantant
des psaumes, opposaient aux premiers coureurs
des barbares la bannière pacifique de la croix (*). »

Après Tolbiac, il y eut moins d'agitation dans
la vallée du Rhin : l'Altitona, qui devint peu à
peu le Hohenburg, fut alors délaissé ; la végétation
remplaça les hommes, et la forêt monta insen-
siblement pour cacher les ruines du *castellum*.
Lorsque Adalric arriva à Ehenheim, la montagne
attira son attention ; mais, d'après les chroniqueurs, on ne pouvait plus de la villa apercevoir
la tour qui avait porté jadis l'aigle romaine. Ils
racontent que les chasseurs d'Adalric, ayant découvert au milieu de la forêt les ruines impo-
santes qui couvraient le plateau extrême du Hohenburg, les virent avec étonnement et se hâtèrent
d'annoncer à leur maître ce qu'ils avaient vu. Le
duc suivit ses gens, et, après une heure et demie
de marche, il arriva sur le plateau où il fut frappé
à la fois de l'aspect des ruines et de l'aspect de
la montagne. A peu de jours de là, les arbres tom-

(*) L. Levrault, *Sainte-Odile et la Heidenmauer*, p. 145.

bèrent autour des ruines; les murs furent relevés pour former une demeure mérovingienne. Elle eut deux oratoires, dont l'un fut dédié aux saints apôtres Pierre et Paul; on rapporte que saint Léger, dans un voyage en Austrasie, consacra l'autre. Adalric fit du *castellum* sa seconde résidence, et il éprouva bientôt pour ce merveilleux séjour une prédilection qui n'étonnera pas nos lecteurs. Il ignorait qu'il venait de faire l'œuvre de Dieu.

Le duc d'Alsace résidait en sa demeure de Hohenburg quand partit, à son insu, l'escorte qui devait ramener sa fille et que nous allons rejoindre à Palma. La tante de Berswinde accueillit avec une grande joie l'escorte et le message du comte Hugues : elle songeait à tout ce que le retour d'Odile apporterait d'édification à tous les siens et de consolation à Berswinde. Le premier mouvement du cœur d'Odile fut de même un bonheur inexprimable; mais, à mesure que le jour du départ approchait, un immense regret venait remplir son âme. Elle avait de si puissants motifs d'aimer Palma ; puis, nous nous représentons difficilement aujourd'hui l'amour que l'on portait autrefois au monastère dans lequel on vivait (*).

_____

(*) L'amour du monastère se peignait jusque dans ces noms

Un demi siècle avant sainte Odile, dans la même terre de Bourgogne, les adieux de Colomban à son cher Luxeuil avaient été déchirants. « O ma cellule ! » disait Alcuin au moment de quitter le cloître pour la cour de Charlemagne, « douce et bien-aimée demeure, adieu pour toujours ! Je ne verrai plus les bois qui t'entouraient de leurs rameaux entrechoqués et de leur verdure fleurie, ni tes prés remplis d'herbes aromatiques et salutaires, ni tes eaux poissonneuses, ni tes vergers, ni tes jardins où le lis se mêlait à la rose. Je n'entendrai plus ces oiseaux qui chantaient Matines comme nous, et célébraient à leur guise le Créateur, ni ces enseignements d'une douce et sainte sagesse, qui retentissaient en même temps que les louanges du Très-Haut, sur des lèvres toujours pacifiques

charmants que les moines donnaient aux lieux de leur retraite et de leur pénitence. Bonlieu, Beaulieu, Clairlieu, Joyeux-Lieu, Cher-Lieu, Chère-Ile, Vaulx-la-Douce, les Délices, Bon-Port, Bon-Repos, Bonne-Mont, Val-Sainte, Val-Benoîte, Val-de-Paix, Val-d'Espérance, Val-de-Grâce, Val-Bonne, Val-Sauve, Nid-d'Oiseau, Font-Douce, la Voie-du-Ciel, la Porte-du-Ciel, la Couronne-du-Ciel, le Joug-Dieu, la Part-Dieu, la Paix-Dieu, la Clarté-Dieu, la Science-de-Dieu, le Champ-de-Dieu, le Lien-de-Dieu, le Port-Suave, le Pré-Heureux, le Pré-Béni, la Sylve-Bénite, la Règle, le Reposoir, le Réconfort, l'Abondance, la Joie. (M. de Montalembert, *Moines d'Occident, Introduction,* p. LXXVII — LXXIX).

comme les cœurs. Chère cellule! je te pleure et te regretterai toujours!... » A ces accents émus ajoutons tout ce que la tendresse de cœur d'une vierge dut exprimer à l'abbesse de Palma, la seconde mère de la fille d'Adalric, et aux religieuses, les seules sœurs que celle-ci eût encore connues, et nous aurons les adieux de sainte Odile. Une seule pensée adoucissait l'amertume de ces adieux : Odile ne croyait pas s'éloigner pour ne plus revenir.

Il nous serait agréable de marquer l'intinéraire d'Odile; mais le silence des chroniqueurs est absolu, et nous sommes complètement livré à des conjectures. Si l'invasion et les années n'avaient point effacé, avec les souvenirs de la domination romaine, les derniers vestiges des anciennes routes, l'escorte a pu suivre la voie qui s'étendait autrefois de la Séquanie intérieure à la Séquanie extérieure, pour s'engager ensuite dans la route qui longeait le Rhin. On voyageait à grandes journées. Odile admirait l'*Alsatia* entre ses montagnes dont l'aspect variait toujours, et le Rhin au cours majestueux; la douce colombe de Palma se sentait attirée comme malgré elle vers ces tribus alémanniques à l'extérieur âpre et inculte. On lui montra peut-être encore quelque bois sacré qui recélait de rares adorateurs, ou les restes d'un refuge des divinités récemment incendié ; la grande masse

de la population était devenue chrétienne. Les
gens de l'escorte ne manquaient pas de redire ce
qui s'était passé à Palma, et leurs paroles produi-
saient une vive impression de respect et d'étonnement : le nom d'Odile, la sainte princesse guérie
par Dieu, alla de bouche en bouche. Rien ne
parlait à ces populations comme le miracle ; Dieu
l'accorda pour cette raison aux apôtres de notre
contrée comme il l'avait accordé aux disciples du
Sauveur. Le souvenir d'un miracle ne se perdait
plus. Bien qu'Odile, selon l'itinéraire que nous
supposons, dût passer assez loin du palais d'Isenburg, elle apprit vraisemblablement comment
Dieu avait ressuscité par l'évêque Arbogast le
fils du roi Dagobert. Un peu plus loin, on indiqua
à la fille d'Adalric l'entrée du val de Saint-Grégoire,
et on loua très-haut la grande piété et le zèle des
religieux étrangers qui servaient Dieu dans le
monastère du val et qui évangélisaient les populations d'alentour. Enfin, à travers les arbres,
Odile put apercevoir l'église et le monastère de
Novientum : elle rendit grâces à la bonté divine
d'avoir choisi son père pour construire cette maison
de Dieu, et aussitôt mille sentiments divers commencèrent à s'agiter dans son cœur : on s'approchait d'Ehenheim, et déjà les gens de l'escorte
saluaient le Hohenburg.

Cependant au haut du Hohenburg d'autres cœurs passaient de l'espérance à l'inquiétude et de l'inquiétude à l'espérance. Depuis plusieurs jours, on n'en peut douter, le jeune comte Hugues se rendait le matin et le soir sur le rocher qui dominait le mieux la plaine, et de là son regard errait au loin, cherchant à découvrir un point mouvant qui annoncerait l'arrivée de l'exilée de Palma. Le jour où la basterne et l'escorte purent être clairement distinguées du côté d'Ehenheim, Hugues n'était pas seul; son père et ses frères se trouvaient avec lui : Adalric était sorti avec ses fils pour jouir d'une de ces journées d'été belles alors comme aujourd'hui sur cette hauteur. Nous laissons à penser la surprise de tous et le trouble du comte Hugues quand ils aperçurent le char et le groupe assez nombreux qui l'entourait ou le suivait. « Quel est ce char qui approche ? Que veulent ces gens ? » demanda le duc d'un ton d'étonnement inquiet. Hugues ne put se contenir et s'écria : « C'est notre sœur qui revient ! » La colère d'Adalric fut prompte et terrible : « On a osé, dit-il, la rappeler malgré ma défense ? » Hugues tout consterné se jeta aux pieds de son père et fit un aveu qui aurait dû désarmer Adalric : « C'est moi, Seigneur, qui suis le coupable. J'ai rappelé ma sœur parceque j'ai eu pitié de son sort en pays étranger. »

Le leude n'entendit pas ces suppliantes paroles et ne vit pas l'attitude encore plus suppliante de son fils; il frappa celui-ci d'un coup si violent que le généreux jeune homme s'affaissa et parut quelque temps sans vie. Quelques biographes affirment même que Hugues fut frappé à mort; mais nous savons par d'autres biographes et par les documents de l'histoire d'Alsace qu'il mourut plus tard, laissant deux ou trois fils. On eut cependant assez de peine à le faire revenir à lui, de telle sorte que dans l'âme d'Adalric la colère put faire place au remords et à la douleur. Nous n'avons point lu, mais nous croyons que le comte Hugues s'est maintes fois réjoui dans la suite d'avoir, en souffrant lui-même, détourné l'orage qui menaçait sa sœur.

La scène que nous avons décrite touchait à sa fin, et Hugues venait d'être emporté pour recevoir les soins nécessaires, quand Odile arriva sur le plateau de la montagne. On lui avait si souvent et si bien fait le portrait de son père qu'elle le reconnut aisément : elle alla à lui, fléchit le genoux en sa présence, baisa sa main, lui dit qu'elle était sa fille née aveugle et maintenant guérie par la miséricorde de Dieu. Adalric, déjà ébranlé, ne résista pas cette fois au sentiment paternel et à la puissance du miracle devenu évident : il releva sa

ille avec bonté, l'embrassa et permit à ses fils
le l'embrasser. Berswinde, qui s'était hâtée d'accourir avec sa seconde fille, Roswinde, s'aban-
lonna à toute sa joie ; elle baisa avec transport et
avec un saint respect les yeux ouverts par le
miracle. Et tous ceux qui étaient présents louèrent
à haute voix la Providence qui avait bien fait
toutes choses, qui avait donné la vue à la fille et
qui avait rendu la fille à sa mère.

CHAPITRE IV.

Odile en disgrâce. — Relations des religieux et des religieuse
d'outre-mer avec l'Alsace. — Odile ne peut retourner à Palma
Sa seconde fuite. — Son exil volontaire dans le Brisgau. —
Adalric promet de ne plus s'opposer au vœu de sa fille.

Il y eut des jours de grande joie à Hohenburg
Les fils d'Adalric se réjouissaient avec la généro
sité et l'abandon du jeune âge; Berswinde et l
comte Hugues étaient plus heureux qu'on ne l
peut décrire. Adalric seul semblait de moins e
moins partager le bonheur de sa famille. De sombre
préoccupations passaient je ne sais quel voile su
son front. La vue de sa sainte fille éveillait-ell
le remords dans son âme? Songeait-il à l'étonnement que produirait à la cour du roi et auprè
des seigneurs d'Austrasie la nouvelle du retou
d'une fille dont on ignorait l'existence? Le du

en vint jusqu'à éloigner Odile de sa présence. Peu s'en fallait peut-être qu'elle ne fut condamnée à un second exil. Elle put rester à Hohenburg, mais elle fut reléguée dans une demeure écartée, que le biographe du onziéme siècle appelle le *Couvent*.

S'il faut en croire le savant historien de saint Léger, une expédition malheureuse, antérieure de peu de temps au retour d'Odile, ne contribua pas peu à assombrir l'humeur d'Adalric. Le leude puissant avait pris le parti de Dagobert II, l'exilé d'Irlande, soit pour la justice de la cause, soit par suite de l'influence de saint Léger. Pendant que le roi s'était emparé de Laon, de Châlons-sur-Marne et de Reims, le duc d'Alsace avait fait une diversion sur la Bourgogne et avait pénétré jusque dans la Provence. L'issue de la campagne d'A-dalric n'avait pas répondu au début, à en juger par des renseignements rares et incomplets; et il avait été forcé d'abandonner ses premières con-quêtes (*).

Dieu a toujours fait servir l'adversité à la gloire de ses élus. Il arriva que la rigueur d'Adalric affligea toute sa maison et n'affligea point Odile. Celle-ci retrouvait dans la retraite qui lui était imposée la vie du monastère de Palma. De plus,

(*) *Histoire de saint Léger*, par Dom Pitra, p. 357.

le vœu de son cœur était rempli : elle pouvai
voir ceux qu'elle avait aimés longtemps sans le
avoir vus ; elle avait reconnu que son pèr
n'était pas absolument insensible à la grâce d
Dieu et à l'émotion. Elle priait maintenan
celui qui tient le cœur des hommes en ses main
d'achever l'œuvre ; pour appuyer ses prières, ell
acceptait volontiers, avec la joie des saints, l
silence de sa retraite et tout ce que d'autres au
raient pu appeler de dures privations. Adalric
au rapport des chroniqueurs, ne permit pas que
sa fille fût traitée autrement qu'une des suivante
au service de Berswinde.

Les chroniqueurs fournissent ici un enseignemen
précieux : ils rapportent qu'on adjoignit à Odil
une religieuse de *Bretagne*. Quelle était cette re
ligieuse ? D'où venait-elle ? Faut-il ajouter fo
aux chroniqueurs ? — Les relations des religieuse
d'outre-mer avec Hohenburg semblent bien établie
dans la tradition, et le témoignage des biographe
est persistant à cet égard ; ils montreront bientô
ces religieuses arrivant successivement au couven
qui sera fondé par Odile. Cependant, la réclu
sion de notre sainte doit être placée au-delà de
l'année 680, et ce n'est qu'un peu plus tard que
nous voyons les religieuses anglo-saxonnes, pous
sées par un invincible désir, traverser l'Océan

d'abord pour visiter les tombeaux de saint Pierre et de saint Paul, ensuite pour aider Boniface et les missionnaires de la Germanie. Rien n'empêche donc d'admettre que le monastère de Hohenburg ait accueilli des religieuses de *Bretagne* dans la première moitié du huitième siècle; mais la compagne même ou la gardienne d'Odile n'appartenait-elle pas plutôt à quelque émigration irlandaise antérieure à l'émigration anglo-saxonne? Quoi qu'il en soit, c'est le moment de payer notre tribut de reconnaissance à l'Irlande, à l'Ecosse et à la Grande-Bretagne.

Quelle grande page dans les annales de l'Eglise que l'histoire de l'émigration monastique du Nord! L'émigration irlandaise et écossaise est la première. Dieu donna d'abord à ces deux pays tout un peuple de moines; puis, le calme de leurs nombreux monastères fut troublé; un immense besoin de pérégrinations et de prosélytisme s'empara des religieux. Ils eurent d'étranges visions. Tantôt la voix qu'entendit Abraham sembla leur dire encore : « Sors de ta patrie, de ta famille et de la maison de ton père, et va dans la terre que je te montrerai. » Tantôt, à l'heure des généreuses aspirations ou dans le mystère de saintes nuits, ce furent des anges qui apparaissaient, qui appelaient les moines, qui montraient des peuples inconnus à conquérir au

Christ, après les avoir arrachés à Satan. Dans
leurs songes les moines voyaient la mer s'ouvrir
devant eux ou se changer sous leurs pas en une
prairie émaillée de fleurs. L'émigration commença;
elle ne dura pas moins de six siècles, et nous
savons si elle fut féconde en effets prodigieux,
en saintes aventures, en héroïsme et en poésie.
« Les moines d'Irlande et d'Ecosse couvrent les
terres et les mers de l'Occident. Navigateurs infatigables, ils abordent aux iles les plus désertes.
Oubliés ou inconnus dans leur patrie, il faut aller
chercher leurs noms dans les annales primitives
de toutes les nations européennes, et retrouver
leurs reliques sous les autels où les avait enchâssées la reconnaissance des peuples convertis par
leur patience, leur courage, leur infatigable activité (*). » Sainte Odile n'était pas encore de retour à Hohenburg, quand saint Florent et Fidé-
lis, son compagnon, établirent leurs huttes ir-
landaises dans la belle vallée de la Bruche, au
pied du Ringelsberg. Peu d'années après, à l'autre
extrémité de l'Alsace, une colonie irlandaise ou
écossaise préluda par ses établissements successifs
à la fondation de la célèbre abbaye de Murbach.
Longtemps auparavant, l'intrépide Fridolin avait

(*) *Moines d'Occident*, t. II. p. 467.

traversé l'Austrasie et le pays des Alémans, prêchant partout et fondant des couvents et des églises, jusqu'à ce qu'il eût trouvé à Seckingen cette île du Rhin qu'une vision lui avait assignée. C'est à notre frontière que Colomban, le patriarche des moines du Nord, établit Luxeuil, cette métropole des monastères, et le grand homme dut fouler plus d'une fois le sol de l'Alsace. C'est encore à notre frontière que Dieu arrêta saint Desle, à l'endroit qui devait être appelé Lure, et qu'Ursicinus choisit le lieu de son repos au milieu de rochers escarpés, pour donner naissance au monastère et plus tard à la petite ville de Saint-Ursanne. Il y eut plus tard en Alsace plusieurs autres établissements irlandais ou écossais.

Le premier parmi les Anglo-Saxons, qui conçut la généreuse pensée d'envoyer au secours de la mère patrie des fils de la colonie britannique, fut le moine Egbert. Les tribus germaniques lui apparaissaient en songe plaintives et suppliantes. Ne pouvant suivre lui-même l'élan de son âme ardente, il détermina plusieurs de ses disciples à devenir missionnaires. L'impulsion était donnée; le mouvement devint général avec le moine Winfried ou saint Boniface. Nul de nos lecteurs n'ignore les prodigieux travaux de l'Apôtre de la Germanie. Winfried ne vint pas en Alsace, mais

son influence y vint, et l'église de Strasbourg ins-
crivit à juste titre dans son martyrologe le nom
le plus vénéré de l'Allemagne.

« On vit sortir aussi des couvents de la Grande-
Bretagne un essaim de veuves et de vierges ,
mères, sœurs, parentes des missionnaires, jalouses
de partager leurs mérites et leurs périls..... Les
farouches Germaines, qui autrefois aimaient le sang
et se mêlaient aux batailles, venaient s'agenouiller
aux pieds de ces douces maîtresses. Le silence et
l'humilité ont caché leurs travaux aux regards
du monde ; mais l'histoire marque leur place aux
origines de la civilisation germanique : la Providence a mis des femmes auprès de tous les ber-
ceaux (*). » Quelques mots tombés en passant de
la plume des biographes de sainte Odile sont les
seuls souvenirs qui restent parmi nous de l'influence bienfaisante des religieuses d'outre-mer.
Nous ne savons pas même l'époque précise de
l'arrivée de ces religieuses ni les circonstances
qui les amenèrent en Alsace. Aucun de leurs noms
ne nous est connu. Les anges ont écrit ces noms
au Livre de vie, et celles qui les ont portés n'ont
jamais ambitionné d'autre récompense. N'oublie
point cependant, ô noble Alsace, qu'elles ont acquis,

(*) Ozanam, *la Civilisation chrétienne chez les Francs*, t. II, p. 185.

ainsi que les moines qu'elles ont imités, un droit immortel à ta reconnaissance ; il ne te sera jamais permis d'être indifférente aux douleurs de l'Irlande martyre, au retour de l'Ecosse et de la Grande-Bretagne, séparées de l'Eglise de Boniface.

Nous reprenons maintenant notre récit, après avoir béni la religieuse irlandaise ou anglo-saxonne qui consola la réclusion de sainte Odile, et qui, sans doute, ne fut pas étrangère à la fondation du monastère de Hohenburg. La retraite de la fille d'Adalric put dérober celle-ci aux yeux des hommes, mais elle ne put empêcher l'odeur de ses vertus de se répandre. Sa sœur Roswinde en fut si bien pénétrée que son cœur aussi se prit d'amour pour la solitude. L'action continue de la sainteté ressemble à une eau émolliente qui s'insinue doucement et finit par vaincre le corps le plus dur. Adalric ne put rester insensible à tout ce qu'il voyait sans vouloir le voir, à tout ce qu'il entendait sans vouloir l'entendre. Un de ces hasards qui n'en sont pas ayant conduit Odile au devant de son père, celui-ci fut saisi de son aspect doux et humble : « Où allez-vous, ma fille ? » demanda le père. — « Seigneur, j'emporte un peu de farine, je vais préparer un aliment pour les pauvres de Jésus-Christ. » Cette réponse était faite d'une voix si tendre et si respectueuse que le père ne put com-

primer son émotion ni retenir ces paroles : « Ma
très-chère fille, vous avez vécu jusqu'ici dans la
douleur ; si Dieu le veut, vous ne mènerez plus
si pauvre vie. » Le moment était proche, remarque un chroniqueur, où la pure lumière cachée
dans la solitude allait être placée sur le chandelier.

Odile pouvait désormais paraître à la cour ducale.
Adalric désirait même qu'elle y parût souvent ;
et la fille s'efforçait d'obéir au vœu du père, qui
semblait vouloir racheter les duretés passées à
force de tendresse. Cette obéissance fut plus pénible
à Odile que celle qui l'avait reléguée au *couvent ;*
non qu'elle n'eût pas le don d'être agréable partout, — elle fut l'ornement de la cour comme elle
avait été la fleur de la solitude, — mais l'agitation
des fêtes, le bruit des banquets, des chasses, des
joûtes guerrières détournaient son âme d'aspirations plus hautes. Aussi longtemps qu'elle avait
souffert dans sa réclusion, elle avait été satisfaite,
elle n'avait songé qu'à obtenir de Dieu de fléchir
son père. Maintenant, un ennui profond s'emparait d'elle. Elle luttait pour être toujours douce,
bonne et soumise, mais son âme languissait ; et
c'était le souvenir de Palma qui la faisait languir,
le souvenir de la paix monastique, du chant des
psaumes, de l'étude des saintes Lettres, du travail
commun, du tranquille bonheur des fêtes, de la

pieuse émulation pour courir dans les voies du Seigneur. Un jour que Palma l'occupait plus vivement, Odile se présenta devant le duc Adalric, et lui parla de la voix intérieure qui l'appelait sans cesse au monastère qu'elle avait quitté. Adalric aimait sa fille depuis peu de temps, mais il l'aimait tendrement : il fut étonné d'abord et ensuite profondément affligé de sa résolution ; il lui déclara, avec l'autorité d'un père habitué à ne rendre compte à personne, qu'elle ne pourrait jamais retourner à Palma. Odile, après avoir insisté avec larmes, dut reconnaître que l'amour paternel ne serait pas plus facile à vaincre dans Adalric que ne l'avait été l'opiniâtreté de son amour-propre. Il lui fallut, pour se résigner, sa foi de sainte, son inébranlable confiance en Dieu, et cette habitude des privations qui avait fait de la souffrance comme sa vie. Elle attendit l'occasion d'adresser un message à Palma pour transmettre la douloureuse nouvelle et pour faire à l'abbesse et aux religieuses les plus touchants adieux. Une abbesse de Baume a consigné, au dix-septième siècle, les traditions de son couvent sur l'impression que produisirent les adieux d'Odile. Toutes les religieuses furent dans la douleur. Elles se consolèrent à la pensée que la Providence veillait d'une manière spéciale sur la vierge prédestinée; et, afin que son souvenir ne pût s'effacer dans leur couvent, elles résolurent de conserver pieusement un voile violet qu'Odile avait elle-même brodé d'or et de soie (*). Un biographe ajoute qu'on conserva à Baume un souvenir plus précieux que l'or de ce voile, le parfum inaltérable des vertus de sainte Odile.

Nous voici arrivé à ce moment de la vie de notre sainte, qui se présente plus ou moins dans toute vie, moment de crise où s'achève une première période de l'existence et où se prépare une autre période. La vocation d'Odile va se définir. Les faits qui la décident, selon le témoignage de plusieurs biographes, ne sont pas relatés par le biographe du onzième siècle, ce qui a déterminé quelques critiques à ne pas les admettre. La très-ancienne chronique de Fribourg en fait cependant mention, et ils se retrouvent dans les traditions locales de la rive droite du Rhin. Il s'agit d'un projet de mariage, de la fuite de sainte Odile, d'une intervention miraculeuse de Dieu pour soustraire la

(*) L'abbaye de Baume conserva jusqu'à la Révolution un voile de soie, mêlé d'or, que la sainte avait travaillé de ses mains. Les habitants du pays avaient dans cette relique la plus douce confiance, et on l'exposait à leur vénération durant les grandes calamités. (M. l'abbé Besson, *Mémoire historique sur l'Abbaye de Baume-les-Dames*, p. 22).

fille fugitive aux recherches de son père. N'appliquons pas aux évènements d'un autre âge la mesure du siècle présent. Il y avait dans les hommes du septième siècle une sève et une énergie extraordinaires. La fuite d'Odile étonne moins lorsqu'on se représente le pèlerinage à Rome entrepris, malgré tous les périls, par un grand nombre de religieuses anglo-saxonnes. Quant au miracle, puisqu'il était alors la meilleure prédication, pourquoi la Providence n'aurait-elle pu l'accorder plus abondamment aux populations dociles à cette voix de Dieu? Nous raconterons donc un épisode de l'histoire de sainte Odile que nos lecteurs ne nous pardonneraient pas de leur avoir soustrait.

Les mesures employées par le duc Adalric n'avaient pas empêché la renommée de publier au loin le retour de sa fille et les évènements qui avaient amené ce retour. Depuis qu'Odile avait dû paraître à la cour ducale, il n'était plus question dans les manoirs de l'une et de l'autre rive du Rhin que de la vierge guérie par Dieu, ce trésor de Hohenburg, cette fleur des princesses. Tous ceux qui vinrent à Hohenburg confirmèrent les dires de la renommée. Quoi d'étrange qu'une députation se soit présentée un jour demandant gracieusement au duc Adalric la main de sa fille pour le jeune seigneur le plus parfait et le plus illustre

du pays des Alémans? Quoi d'étonnant que le duc
se soit trouvé honoré de la proposition et qu'il
l'ait très-favorablement accueillie? Lorsque la proposition fut soumise à Odile, quoi d'étonnant
encore qu'on ait vu à Hohenburg ce qu'offrent
fréquemment les annales des saintes vierges, l'invincible résistance d'une âme pure qui ne veut
plus appartenir à un homme lorsqu'elle s'est déjà
donnée à Dieu? Dans des circonstances assez
semblables, sainte Radegonde, de reine devenue
récluse avec le consentement de Clotaire Ier, avait
appris que le roi songeait à venir la retirer de sa
retraite. Aussitôt, comme pour protester contre
tout projet de ce genre, elle s'enveloppe d'un
cilice des plus âpres qu'elle adapte à ses membres
délicats, redouble ses jeûnes et ses veilles, envoie
ce qui lui restait d'or et de pierres précieuses à
un saint reclus de Chinon, en lui demandant de
prier avec ardeur pour qu'elle ne retournât pas
dans le monde. « J'aime mieux mourir, » lui fit-
elle dire par une vieille suivante, « oui, mourir,
plutôt que d'être de nouveau livrée à ce roi d'ici
bas, après avoir déjà joui des embrassements du
roi des cieux. » Le solitaire lui promet qu'elle
sera exaucée. Alors, rassurée, elle se réfugie près
du tombeau de saint Hilaire, à Poitiers, et Clotaire,
retenu et dominé encore une fois par une crainte

religieuse, lui accorde la permission de construire à Poitiers même un monastère et de s'y enfermer (*).

Odile aussi redoubla ses prières, ses jeûnes et ses macérations. Sachant cependant combien la volonté de son père était inflexible, elle ne vit de salut que dans la fuite. Sa résolution prise promptement fut promptement exécutée. Occupée qu'elle était du soin des pauvres, il ne lui fut pas difficile de trouver un déguisement. Elle se couvrit de haillons; puis, à l'heure où elle avait coutume de se livrer à ses pieux exercices, elle se signa du signe de notre salut et partit au nom du Seigneur, sous la protection de la Reine des vierges. Quand la dernière porte de la résidence d'Adalric s'ouvrit devant Odile, la vierge sentit son âme bouleversée. Que 'deviendra-t-elle ? Où ira-t-elle ? Elle se recommande encore une fois à Dieu qui ne l'a jamais délaissée, et se hâte de descendre la montagne escarpée sans suivre aucune voie : elle marche sur les débris de rochers et à travers les broussailles de la forêt, presque sans s'en apercevoir. Dès qu'elle peut se croire en sûreté, elle s'arrête un instant et délibère en elle-même. Elle ne se rendra pas à Palma où son père pourrait aisément la découvrir ; elle cherchera à gagner le Rhin et

(*) *Moines d'Occident*, t. II, p. 343).

à le traverser : elle pense qu'au-delà du fleuve son nom et sa personne sont moins connus. On ne dit pas comment la vierge fugitive parvint au fleuve. Elle y parvint, et trouva, sans grande peine, un batelier qui la fit passer sur l'autre bord, au prix d'une petite pièce d'argent. Nous nous représentons la sainte arrivée sur la rive droite du Rhin : tremblante encore d'émotion, elle s'agenouille et du fond de son cœur reconnaissant rend grâces à Dieu.

Cependant on avait remarqué à Hohenburg que son absence se prolongeait outre mesure, et on avait pénétré dans son appartement. On le trouva vide, et l'alarme fut aussitôt donnée. La consternation fut partout. Mais Adalric ne perdit pas de temps : lui-même et ses quatre fils montèrent à cheval ainsi que les gens de leur suite ; le duc indiqua à chacun la direction qu'il devait suivre : l'un d'eux, pensait-il, rejoindra la fugitive. Le duc comptait sans Dieu. Soit instinct paternel, soit plutôt cette disposition de la divine Providence qui avait uni si intimement le sort d'Odile et celui de son père, ce fut le père qui suivit les traces de sa fille, qui arriva au Rhin, qui rencontra le batelier du bord, qui apprit que le batelier venait de passer sur la rive opposée du fleuve une jeune vierge portant les haillons d'une mendiante sans en avoir les traits. Le batelier fut heureux de rendre au duc d'abord et puis à ses gens le service qu'il avait rendu à la mendiante. Et voilà Adalric chevauchant de l'autre côté du Rhin, observant tout être ayant vie qu'il put apercevoir.

Odile, que nous avons vue rendre grâces à Dieu, s'était éloignée de la rive du Rhin, après une courte prière, et s'était dirigée à pas précipités vers la montagne où elle espérait trouver un abri et une retraite. Elle était arrivée près du lieu aujourd'hui appelé Musbach, à peu de distance de Fribourg. Haletante, épuisée, livrée à mille pensées, elle venait de s'asseoir au pied d'un rocher : ses mains étaient jointes, ses yeux regardaient de temps en temps le ciel. Tout-à-coup elle entend du bruit : c'est le trot de plusieurs chevaux qui approchent ; elle distingue quelques cavaliers, elle reconnait bientôt son père. « O Sauveur des hommes, » s'écrie la vierge éperdue, « cachez-moi dans le sein de votre Miséricorde, couvrez-moi de l'ombre de vos ailes. » Le cri de détresse de sa servante ne monte pas en vain vers Dieu : s'il y eut des cœurs d'hommes qui furent insensibles aux supplications d'Odile, il ne permet pas que la pierre dure y soit insensible. Odile voit le rocher s'entr'ouvrir, et lui présenter un asile spacieux qu'elle ne peut refuser ; le rocher se referme aussitôt sur la vierge, à l'ap-

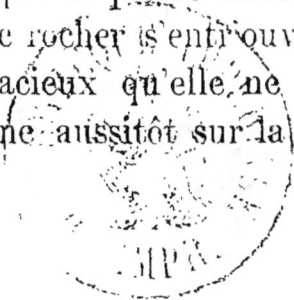

proche du duc d'Alsace. Adalric n'aperçoit rien ;
il passe outre et il ne revient pas. Dès que le trot
des chevaux ne se fait plus entendre, le rocher
obéit une seconde fois à la voix qui l'a créé, et
rend à la lumière du jour celle qu'il a couverte.
Afin que la mémoire d'un si éclatant prodige ne
se perdît plus parmi les hommes, Dieu fit jaillir du
sein du rocher une source aux vertus salutaires,
auprès de laquelle Odile éleva plus tard une chapelle. De nombreux pèlerins vinrent pendant de
longs siècles boire l'eau de la source, et prier et
remercier Dieu dans la chapelle élevée par Odile.

Dans les traditions anciennes, les faits saillants
seuls surnagent sur le fleuve de l'oubli. Celles
des bords du Rhin ont conservé les détails du
prodige du rocher entr'ouvert ; elles s'y complaisent,
et oublient de dire tout ce qui suivit le prodige.
Elles se contentent de nous apprendre qu'Odile
vécut, pendant près d'un an, inconnue et solitaire
dans le Brisgau ; qu'elle ne se plaignit point des
privations de son exil volontaire ; qu'elle retourna
enfin à Hohenburg quand Adalric, inquiet et préoc-
cupé du sort de sa fille, fit connaître à son de
trompe dans tous ses domaines son grand désir de
la revoir, assurant qu'elle serait libre désormais
de suivre le vœu de son cœur.

La poésie s'est emparée, à juste titre, du beau

récit des traditions rhénanes. La légende, cette poésie des temps de foi, n'a pas craint d'ajouter le prodige au prodige : elle donne à la fuite de la fille d'Adalric un saisissant dénouement.

« Odile, renfermée dans le rocher, entend le trot des chevaux et la voix de son père qui l'appelle par son nom :

— Mon père, répond Odile.

Adalric est surpris d'entendre la voix de sa fille sortir d'une roche solide et dure.

— Odile ! crie encore le père.

Et le frisson court dans toutes ses veines quand il entend pour la seconde fois la voix de sa fille percer le rocher et dire à son père :

— Vous persécutez Celui qui me protége.

La voix rappelle le vœu d'Odile.

Le duc comprend la volonté de Dieu ; il jure de s'y soumettre, de respecter le saint engagement de sa fille, et de lui construire un couvent à Hohenburg.

La roche s'ouvre aussitôt ; Odile reparaît et se jette dans les bras de son père (*).

(*) Traditions populaires du Rhin, publiées par Schreiber, citées par Bussière, *Histoire de sainte Odile,* p. 207.

CHAPITRE V.

Les sacrifices de la vocation religieuse. — Coup d'œil sur la con-
version de l'Alsace. — Les monastères doivent achever la
conversion. — Odile donnera la principale impulsion au
mouvement monastique. — Adalric cède son château de Ho-
henburg pour le transformer en un monastère de femmes.

Cher lecteur, s'il vous a été donné d'être initié
aux émotions du jour où de saintes filles, les cœurs
les plus purs, se séparaient de leurs parents pour
se vouer au service de Dieu, vous avez vu des
adieux déchirants; non que la douleur éclatât au
dehors : elle était intérieure et profonde; de part
et d'autre le sacrifice était immense. « Je crois,
dit sainte Thérèse en parlant de ce jour, que quand
j'aurais été près de mourir je n'aurais pas plus
souffert que je le fis alors. » L'historien des moines,
le chantre des religieuses anglo-saxonnes, s'échappe
en accents de la plus éloquente douleur au souvenir

de la prise d'habit de sa fille dans un couvent des
Dames du Sacré-Cœur : « Ce qui ne nous était
apparu qu'à travers les âges et à travers les livres,
s'est dressé un jour devant nos yeux baignés des
larmes d'une angoisse paternelle. — Combien
d'autres n'ont pas, eux aussi, traversé cette angoisse et contemplé d'un regard éperdu la dernière
apparition mondaine d'une fille ou d'une sœur
bien-aimée ! Un matin, elle se lève et s'en vient
dire à son père et à sa mère : Adieu ! tout est fini.
Je vais mourir, mourir à vous, mourir à tout.
Je ne serai jamais ni épouse ni mère; je ne serai
plus même votre fille. Je ne serai plus qu'à Dieu.
Rien ne la retient : *statim relictis retibus et patre*
secuta est eum ! La voilà qui apparaît déjà parée
pour le sacrifice, étincelante et charmante, avec
un sourire angélique, avec une ardeur sereine,
rayonnante de grâce et de fraîcheur, le vrai chef-
d'œuvre de la création ! Fière de sa riante et
dernière parure, vaillante et radieuse, elle marche
à l'autel ou plutôt elle y court, elle y vole comme
un soldat à l'assaut, contenant à peine la passion
qui la dévore, pour y courber la tête sous ce voile
qui sera un joug pour le reste de sa vie, mais qui
sera la couronne de son éternité (*). »

(*) *Moines d'Occident*, t. V., p. 383.

Pardonnons maintenant au duc Adalric d'avoir
résisté au vœu d'Odile. Si la nature a fait sentir
si puissamment sa loi à l'illustre chrétien que nous
venons d'entendre, elle luttait avec une vigueur
indomptée dans le père de la vierge de Hohenburg.
Adalric cède enfin, il s'incline sous la main de
Dieu, il est vaincu par le miracle et par la sainteté ;
et la victoire est d'autant plus belle et plus com-
plète que la lutte a été plus violente et plus longue.
Le père de sainte Odile ne se contentera pas d'accorder à sa fille ce qu'elle a longtemps sollicité,
il sera le coopérateur généreux de son œuvre. C'est
ici le point culminant de l'histoire que nous avons
entrepris d'écrire : il ouvre une ère nouvelle pour
la famille ducale, et, pour notre Alsace, une ère
de vie religieuse et de civilisation. Sa date, qui
est l'année 680, doit être écrite en lettres d'or
dans nos annales.

L'Alsace, dès les premiers siècles de l'ère chrétienne, et bien longtemps avant qu'elle ne fût
l'Alsace, connut *la bonne Nouvelle*. Les prédicateurs de l'Evangile vinrent-ils dans la vallée
du Rhin, en suivant les voies romaines ? Les
légions firent-elles connaître le christianisme ?
Les relations de l'Alsace avec Trêves et de
Trêves avec Rome furent-elles la cause d'une propa-
gation précoce ? On ne peut douter que la patrie

de sainte Odile n'ait des droits au célèbre texte
de saint Irénée : « Si les langues diffèrent, la tradition ne varie point, et les *églises fondées en Germanie* n'ont pas d'autre loi ni d'autre enseigne-
ment que celles des Ibères et des Celtes, celles
d'Orient et d'Asie, et les autres qui ont été éta-
blies au centre du monde (*). » Ce texte assure
au christianisme des Germains une date antérieure
à l'an 200. Rome nous envoya notre principal
apôtre, saint Materne, ou au premier siècle, comme
le veut une pieuse tradition, ou au commencement du quatrième siècle, selon la plupart des
historiens modernes. Il est avéré qu'il y avait une
église de Strasbourg ou d'Argentorat vers le milieu
du quatrième siècle, et que son évêque Amand
signa les canons des conciles de Cologne et de
Sardique. Hélàs ! nous l'avons déjà dit, au cinquième siècle, *Argentorat, Helvet, Argentovaria et
Augusta Rauracorum* n'étaient plus que des ruines :
le torrent de l'invasion avait passé partout, et il
avait renversé la croix avec les anciennes cités.
Les débris du Christianisme furent dispersés avec
les débris de l'établissement gallo-romain ; et longtemps il n'y eut plus trace ni d'un évêque ni d'un
évêché d'Argentorat. L'Alsace était devenue alé-

(*) Iren., adr. Hær, I, 10.

mannique (*), c'est-à-dire barbare et païenne; il
fallait une nouvelle conversion. Nous raconterons
très-brièvement l'histoire de cette seconde conversion, et nous détournerons un instant de sainte
Odile l'attention de ceux qui nous suivent, pour
mieux faire apprécier ensuite ce que nous devons
à Dieu et à notre patronne bienheureuse.

Quelques écrivains ont exagéré ce qui est une
vérité de l'histoire, à savoir que les traditions primitives avaient été moins altérées par le paganisme
des Germains que par l'idolâtrie des Romains et
des Grecs. Les Germains admettaient des divinités multiples, mais ils adoraient une divinité supérieure et invisible. Ils connaissaient une espèce
de rédemption et leur langue avait le mot *Erlœsung*.
On peut retrouver dans leurs traditions, parfois si
étranges, l'idée de la réconciliation. Ils attendaient
un jugement général et croyaient à une autre vie;
ils espéraient le Walhalla et redoutaient la *Halja* ou

(*) En parlant de l'Alsace alémannique, nous ne voulons
pas nous prononcer dans un débat toujours ouvert, et nous
n'entendons pas nous ranger absolument du côté de Schœpflin.
Les Alémans ont habité l'Alsace. Bobolène rapporte que le duc
Caticus envahit les terres du monastère de Grandval à la tête
de plusieurs bandes d'Alémans: « Tum Caticus... assumpsit
secum phalanges Alamannorum, gentis bellicosæ. (*Monuments
de l'histoire de l'ancien évêché de Bâles*, t. Ier, p. 55).

la *Hel*. Cependant, quel ciel et quel enfer que les leurs ! Tacite a loué les mœurs des Germains, et il a dû le faire en regard de la Rome dissolue des Césars ou des habitudes monstrueuses d'autres barbares. Il est vrai aussi que le mariage des Germains était indissoluble et qu'ils entouraient la femme d'un certain respect ; mais, dans les chants mêmes de l'Edda et dans les fables des divinités germaniques, il y a de quoi nous remplir d'horreur. L'histoire des Mérovingiens achève de faire tomber le voile. On comprend que, malgré les germes de christianisme déposés par Dieu dans la conscience des hommes et confiés à l'origine de toutes les traditions, la conversion des Alémans d'Alsace devait être une œuvre longue, impossible aux seules ressources humaines.

Dieu agit avec le concours des hommes et se sert des circonstances et des évènements. La victoire de Tolbiac fut le signal de la grâce, l'aurore rouge de sang d'une nouvelle ère pour les races alémanniques. Ce jour la foi des Alémans en leur Wodan fut ébranlée, et ils apprirent à respecter le Dieu des chrétiens qui avait donné la victoire. Puis, les Franks se convertirent, et la religion des vainqueurs devait tôt ou tard devenir la religion des vaincus.

Ce qui restait en Alsace des anciennes populations exerça aussi une influence bienfaisante sur les hommes de l'invasion. Ces populations n'avaient point été détruites entièrement ; elles avaient été décimées et pourchassées. Les Vosges leur avaient offert des retraites nombreuses dont elles sortirent à mesure qu'elles revenaient d'une épouvante trop justifiée. Le temps les mit en contact avec ceux qui les avaient remplacées, et ce rapprochement de chrétiens et de barbares ne fut pas sans résultat. Les barbares vainqueurs ont toujours subi l'ascendant des chrétiens vaincus.

Toutefois, la principale influence chrétienne nous est venue des Franks. Elle s'exerçait pour ainsi dire d'elle-même et de plusieurs manières à la fois. Les chefs alémans paraissaient à la cour royale : ils y rencontraient presque toujours quelques-uns de ces évêques ou de ces religieux qui avaient alors l'empire des âmes. Ils ne pouvaient rester étrangers au christianisme, et tout les portait à embrasser la religion des rois franks. La conversion des chefs devait amener la conversion d'une partie du peuple.

Toute couverte de ruines et toute désolée par la dévastation, notre Alsace ne laissait pas que d'être une terre de prédilection pour les rois franks. Les documents de l'époque mérovingienne nomment les nombreux palais royaux de l'Alsace : ceux de Marlenheim, de Kœnigshoven, de Kirchheim, de

Schlestadt, d'Isenburg. Nulle partie de la Gaule ou de la Germanie ne renfermait dans un aussi petit espace plus de villas royales et de *curtes* fiscales que notre province. En allant du midi au nord, nous rencontrons Sierentz, Ilzach, Sultz, Herrlisheim, Kinnenheim ou Kinsheim, Apsiac ou Epfig, Ehenheim, Hiltesheim, Herinstein ou Erstein, Brumath, Beggelingen, Cronthal, Suechusen ou Schweighausen. Les dépendances des palais royaux et des villas étaient considérables; c'étaient comme des colonies distinctes au milieu du pays conquis. Or, à la tête de ces colonies se trouvaient des officiers royaux qui ne pouvaient être que des Franks, c'est-à-dire des chrétiens, qui appelaient d'autres chrétiens autour d'eux. Les palais royaux et les villas les plus importantes eurent de bonne heure des églises ou des oratoires.

Il fallait l'action de l'apostolat pour seconder et vivifier toutes les autres influences. Au nord et au midi des sièges épiscopaux étaient près de notre frontière. Trèves, l'ancienne métropole, ne pouvait oublier l'Alsace. Les évêques de Metz ne pouvaient abandonner les débris d'un troupeau sans pasteur et sans asile. Pense-t-on que Besançon n'ait envoyé ni un évêque régionnaire ni un prêtre aux tribus voisines assises à l'ombre de la mort? Des missionnaires vinrent certainement de la Bourgogne après l'arrivée de saint Colomban. Les fils de Luxeuil allèrent évangéliser la Bavière et les Alémans des bords du lac de Constance; ils ne purent ne pas s'adresser aux Alémans de la Haute-Alsace. Il n'est pas difficile de retrouver les traces des relations de Luxeuil avec l'Alsace. Le premier duc connu de notre province, Gondon, accueillit une colonie de Luxeuil, et lui céda, dans l'ancien pays des Rauraques, la vallée qui prit le nom de Moustier-Grandval.

On comprend que par ces différentes sources le christianisme nous soit arrivé plus tôt qu'au reste de l'Alémannie, sans qu'on aperçoive dans la seconde conversion de l'Alsace un de ces mouvements extraordinaires qui laissent des traces dans l'histoire. Cependant, nous n'avons garde de nous faire illusion. La conversion d'un homme, celle qui s'étend à toute la vie, n'est pas l'œuvre d'un jour : on a pu en juger par le duc Adalric dont la foi était vive et dont les mœurs tenaient encore par tant de côtés à la barbarie. La transformation de tout un peuple était d'autant plus difficile que sa conversion ne se fit pas en masse, mais lentement, durant deux ou trois siècles : l'élément chrétien et l'élément barbare se trouvèrent trop longtemps en présence. Les passions dans leur énergie première, bridées par la foi, devaient ronger

le frein avec impatience : il y eut de soudains écarts
et de ces retours violents que l'histoire des siècles
que nous étudions n'atteste que trop. Quant à la
magique puissance de séduction qu'exerçait la su-
perstition, ce serait à ne pas y croire si de longs
siècles d'un paganisme presque universel n'étaient
là, et si nous ne voyions l'opiniâtre persistance de
certaines croyances et pratiques de nos pères.
dont on a pu suivre la trace jusqu'aux temps
présents dans nos traditions populaires. Les statuts
des conciles et les capitulaires des rois de la première et de la deuxième race nous font as-
sister au perpétuel combat de l'Eglise contre les
mœurs et les usages germains de populations chrétiennes. Le concile de Leptines, au huitième siècle,
n'énumère pas moins de trente pratiques idolâ-
triques ou superstitieuses contre lesquelles il met
en garde les fidèles. Quelque évêque ou quelque
moine missionnaire ne dut-il pas tenir en Alsace
aussi le langage suivant que saint Eloi adressa
aux peuples du nord des Gaules : « Je vous supplie,
je vous conjure de n'observer aucune des sacrilèges
coutumes des païens, de ne point consulter les
magiciens, les devins, les enchanteurs : ne les in-
terrogez ni pour les maladies, ni pour quelque
autre chose que ce soit, ne leur parlez pas même.
Je vous recommande encore de ne pas observer

les augures ni les éternumments, de ne pas consulter le chant des oiseaux dans vos voyages... » Eloi défendait aussi de placer des lumières devant de vieux temples d'idoles, auprès des fontaines, des pierres ou des arbres, de pendre des amulettes au cou d'un homme ou d'un animal, de faire des enchantements sur des herbes (1). — Sainte Odile était déjà descendue dans la tombe quand saint Pirmin, dans une de ses homélies apostoliques, disait aux habitants des rives du Rhin : « N'adorez pas les idoles, ni auprès des rochers, ni auprès des arbres, ni dans les lieux écartés, ni au bord des fontaines (2). » « Souvent, dit Ozanam, après que le prêtre avait usé une longue vie à la conversion des barbares, touchés de quelque présage inattendu, d'un cri de guerre, d'une terreur panique, ils le laissaient tout-à-coup seul dans un oratoire et retournaient à leurs superstitions (3). »

Ce n'était donc pas tout d'avoir mené au baptême ces hommes si prompts à oublier le Christ et l'Evangile pour retourner aux faux dieux, au meurtre, au pillage; il fallait établir dans une vie

(1) Acta ss. Belgii, t. III, p. 255 et suiv., cité par M. l'abbé Destombes, *Histoire de saint Amand*, p. 307.

(2) Grandidier, *Histoire d'Alsace*, liv. Ier, p. 47.

(3) *La Civilisation chrétienne chez les Francs*, t. II, p. 76,

vraiment chrétienne les peuples convertis. Or,
telle fut la mission des monastères. Ils présen-
taient l'éloquente image de la société chrétienne.
Les moines étaient les apôtres infatigables et toujours présents des populations. Ce qui prêchait
mieux encore que leurs paroles c'était leur vie,
non la vie d'un seul, mais la vie d'une communauté
nombreuse. Ce spectacle frappait d'admiration, et
le prestige du moine était universel. En même
temps, les bienfaits qui partaient du monastère
triomphaient des cœurs. On se groupait autour
des couvents, on venait écouter les leçons du moine
enseignant les arts utiles aussi bien que son *credo*,
et on se prenait à imiter sa vie. Son obéissance
religieuse corrigeait l'aversion, presque l'horreur
de toute dépendance; son travail volontaire apprenait à aimer la culture de la terre à ceux qui ne
vivaient que de guerre et de chasse; sa vie chaste
paraissait un prodige et faisait comprendre la
pureté des mœurs. Ainsi la vie chrétienne exerçait
son action sociale, grâce au nombre des monastères et à la vie commune des religieux. Les rois
et les leudes aussi bien que les serfs subissaient
cette action. Les grands missionnaires prenaient
possession d'un pays, au nom du Christ, en y cam-
pant des religieux ou des religieuses : saint Déodat,
saint Erhard, saint Boniface, saint Pirmin, pour

ne parler que de ceux que nomme notre récit, furent
des apôtres et des fondateurs de monastères. Les
couvents de femmes attiraient peut-être encore plus
l'attention que les couvents d'hommes. Des femmes,
sortant pour la plupart de noble race, renonçant à
tout ce que le monde barbare aimait, pour vivre
en Dieu d'une vie d'obéissance, d'abnégation, de
pureté, de charité, de dévouement, n'était-ce pas,
au milieu de l'âpre Germanie, qui avait le respect
de la femme, comme une apparition céleste?

Tous les monastères ne répondaient pas aux
désirs et aux efforts de l'Eglise et de leurs fondateurs. Lorsque tant d'orages grondaient autour de
l'enceinte claustrale, ne devaient-ils pas quelquefois y pénétrer? Mais la société monastique était
toujours infiniment au-dessus de la société civile,
et l'on ne connaissait pas alors d'œuvre plus mé-
ritoire que la fondation d'un couvent. Ce sentiment
est exprimé hautement dans les préambules des
actes de fondation et de donation. Un demi-siècle
après la fondation de Hohenburg, un neveu de
sainte Odile, le comte Eberhard, dota Murbach:
dans la charte de dotation il écrivit ces touchantes
paroles : « J'ai considéré le lourd poids de mes
péchés, et je me suis souvenu en même temps de
cette bonté divine qui a bien voulu dire : « Faites
l'aumône, et tout sera pur pour vous. » Une si

grande miséricorde du Seigneur m'a rempli de confiance, et j'ai cru ne pouvoir me donner de plus digne héritier que l'Eglise et ceux qui combatttent pour la gloire de Dieu ou qui, par amour pour lui, sont devenus volontairement pauvres. »

Qu'il nous serait agréable maintenant de tracer l'histoire des origines monastiques dans notre province. C'est par les monastères que disparurent les derniers vestiges du paganisme sur les bords du Rhin et dans les Vosges ; mais leur rôle principal en Alsace était d'apporter la vie chrétienne à notre patrie plutôt que la foi qu'elle avait déjà reçue. La croix était plantée dans nos contrées quand les monastères y furent établis. Au sixième siècle, l'Alsace ne possédait que l'antique et vénéré Marmoûtier. Vers l'an 634, le moine Oswald vint d'Italie avec quelques religieux : il s'arrêta dans une vallée de la Haute-Alsace, à laquelle il laissa, avec le nom de saint Grégoire, la mémoire du grand homme dont l'exemple et la doctrine l'avaient animé. Il fonda, au confluent de deux rivières, le *Monasterium Confluentis* si longtemps célèbre, qui donna des évêques à Strasbourg et des saints à l'Alsace. Nous avons déjà raconté comment saint Déodat, aidé par le père de sainte Odile, fit surgir Ebersmunster. L'Alsace religieuse doit une immortelle reconnaissance au roi martyr Dagobert II : en

quelques années il la dota de Wissembourg et de
Blidenwelt ou Clingenmunster, et fonda Surbourg
avec saint Arbogast et Haslach avec saint Florent.
Sa dernière œuvre et la plus chère fut la fondation
du monastère de Saint-Sigismond dans un délicieux vallon près de Rouffach, en 677. Sainte Odile
vint au moment où le mouvement monastique était
commencé; elle le continua, et c'est d'elle qu'il
reçut la plus puissante impulsion. Le chroniqueur
contemporain de la vierge de Hohenburg ne néglige
point de mentionner « comment elle sut gagner
tous les siens au joug du Seigneur de telle manière
qu'eux et leurs enfants et leurs petits-enfants prodiguèrent leurs biens à fonder des monastères. »

Notre récit nous a ramené à notre sainte, et nous
nous trouvons maintenant initiés à tout le plan de
la bonté divine dans la vie de sainte Odile. Dieu,
toujours admirable dans ses saints, avait choisi
la fille du duc d'Alsace pour accomplir, par les
monastères, ses desseins de miséricorde sur notre
province. En marquant son élue du sceau des
miracles, il grandit son prestige. Odile fut repoussée de son père pour aller dans le cloître, son
asile, apprendre à préférer à tout jamais la vie
religieuse aux honneurs que sa naissance devait
lui réserver. Elle revint au manoir de son père
pour répandre au sein de sa famille l'odeur des

vertus chrétiennes et surtout pour triompher de l'orgueil barbare de son père. Son père l'aima si tendrement et ne voulut plus se séparer de sa fille, pour que l'Alsace conservât sa patronne et qu'Odile n'allât pas porter ailleurs les bénédictions dont elle était dépositaire.

La tradition de Hohenburg n'a pas conservé le souvenir des joies du second retour de sainte Odile. Nous savons seulement que le cœur de son père était entièrement changé et qu'Adalric témoigna avec empressement sa résolution de seconder en tout les désirs de sa fille. Odile, remplie de confiance, fit alors connaître à son père une révélation que Dieu lui avait faite dans les jours de sa nouvelle épreuve : « Les solitaires arrivent dans cette contrée, lui dit-elle, et les moines y construisent leurs cellules; seules les vierges n'y trouvent pas de refuge où elles puissent se vouer à l'Epoux céleste. » Elle ajouta qu'elle était appelée à réunir une communauté de vierges pieuses, et à fonder un monastère qui serait une source de grâces pour sa famille et une source de bienfaits pour les populations des bords du Rhin. Cette fois le duc n'eut garde de résister : il considérait les paroles qu'il venait d'entendre comme un ordre d'en haut, et il ne songea plus qu'au moyen d'accomplir les desseins de la Providence. Il fut pendant quelque temps livré à de grandes préoccupations, et il eut de nombreux entretiens avec son épouse Berswinde. Un jour enfin il manda sa fille : le duc était vivement ému ; bientôt Odile ne le fut pas moins, en apprenant que son père avait résolu d'établir à Hohenburg même le monastère que Dieu demandait. Que se passa-t-il alors entre la sainte fille et le généreux père ? Quels sentiments débordèrent dans leur âme ? Quelles paroles vinrent sur leurs lèvres ? Hélas ! nous ne possédons plus la charte de donation où Adalric exprimait, sans doute, quelque chose des sentiments qu'il éprouva en abandonnant son château de Hohenburg et les terres considérables nécessaires à l'entretien d'un monastère.

Dans le couvent actuel de Sainte-Odile, au coin d'une longue allée, se trouve une pierre monumentale du douzième siècle, ordinairement peu remarquée des visiteurs. Elle est ornée de trois bas-reliefs, œuvre d'un ciseau inculte, mais pieux. Le premier représente le duc Adalric cédant Hohenburg à sa fille. Adalric est assis sur un trône ; il a la chevelure mérovingienne. Odile reçoit de la main de son père le livre symbolique : on la reconnaît à ses tresses et au costume religieux. La vue de cet humble monument nous a profondément saisi. Il rappelle une émouvante scène de famille, un des plus grands moments de nos annales, une des plus belles victoires de la sainteté, un des faits qui symbolisent le mieux le triomphe de l'Eglise sur la barbarie.

CHAPITRE VI.

Les monastères dans les Vosges. — Odile et ses compagnes sont consacrées à Dieu. — Des religieuses d'outre-mer arrivent à Hohenburg.

Nous n'aurons jamais trop admiré le leude offrant à Dieu le château qui était sa joie et son orgueil. Energique pour le bien comme il l'avait été au service de sa passion, il mit bientôt la main à l'œuvre pour approprier sa résidence à cette' nouvelle destination. Comme il avait fait construire Ebersmunster, il connaissait les dispositions ordinaires des bâtiments claustraux, et il s'y conforma autant que le permettaient les constructions existantes. Les chroniqueurs assurent qu'il ne négligea rien, aidant sa fille avec un dévouement qui ne se lassa point. Quand nous apprenons que

les travaux de transformation durèrent dix ans,
de 680 à 690, nous supposons qu'une partie seulement du château fut d'abord modifiée, et ensuite
le reste, à mesure que l'affluence des religieuses
l'exigeait. Etrange destinée de Hohenburg ! Montagne faite pour être consacrée par la religion,
cime sainte qui monte pour rapprocher l'homme
de son Dieu ! Jamais l'inspiration monastique,
qui savait choisir les sites, n'a mieux trouvé sa
demeure.

Hohenburg n'est pas le seul *castrum* romain
qu'un monastère ait remplacé. Luxeuil, la métropole monastique de l'Austrasie, avait été un
château-fort. Romaric avait établi, en 620, dans
son *Castrum Habendi* le monastère qui fut pour
les femmes ce que Luxeuil était pour les hommes,
et qui devint si célèbre sous le nom de Remiremont. Le temps des grandes invasions était passé :
les citadelles étaient moins nécessaires ; la société
demandait des remparts d'une autre sorte : elle
avait besoin de prière, de vertu, d'expiation, de
sacrifice. A ce titre, Hohenburg continua d'être
un boulevard de l'Alsace.

Par le monastère de Hohenburg les Vosges furent
comme vouées définitivement à Dieu. Parmi tant
d'autres gloires de la célèbre chaîne de montagnes,
c'est la plus pure. Rien ne manque aux Vosges :

la poésie les a chantées, la science les a étudiées,
l'industrie les a exploitées. Qui ne les admire avec
les lignes variées de leur crête, avec leurs ondula-
tions capricieuses, avec les sapinières qui couvrent
leur flanc, avec les riches coteaux de leur base,
avec leurs vallées si nombreuses et si pittoresques, avec les sources qui jaillissent de leur
sein fécond ? Elles ont tous les souvenirs, elles
offrent tous les genres de ruines : pierres druidiques, murs romains, restes imposants de manoirs féodaux. Mais on ne voit pas les pierres
druidiques sans horreur, ni les ruines romaines
sans humiliation, ni les débris féodaux sans tristesse ; seuls les souvenirs monastiques épanouissent
l'âme. Après que sainte Odile en eut pris possession, les Vosges attirèrent davantage ceux qui
aimaient Dieu et la solitude. De Luxeuil à Wissembourg, pas de vallon sans monastère ou sans
pèlerinage, pas d'écho de la montagne qui n'ait
répété le chant inspiré des moines ou des religieuses. Les chroniqueurs ont parlé d'une nouvelle Thébaïde, et ils n'ont pas trop dit. Nous
ne rappelons que les principaux noms monastiques
dans les Vosges alsaciennes : Massevaux, Saint-
Amarin, Murbach et Lautenbach, Saint-Sigismond
ou Saint-Marc, Marbach, Saint-Grégoire, Pairis,
Lièpvre, Echery, Hugshowen, Andlau, Sainte-

Odile, Haslach, Neuwiller, Klingenmunster, Surbourg, Wissembourg, quelle chaîne glorieuse aux
anneaux nombreux et vénérables! S'il nous était
donné de suivre en esprit la crête onduleuse et
d'évoquer tous les souvenirs qui montent du pied
des montagnes, du fond des vallons, surtout les
souvenirs des origines monastiques, quels admi-
rables récits nous ferions, récits mêlés de délicieuses légendes et de traits héroïques, récits de
piété austère et de douce charité, récits de bienfaits sans nombre! Au-dessus de tous les noms
de ces récits et de tous ces souvenirs, planeraient
le doux nom et le pur souvenir de la vierge de
Hohenburg, comme Hohenburg lui-même dominait
les monastères des vallons et de la plaine.

Quand la résolution de sainte Odile et de son
père fut connue, le bruit s'en répandit bien au-
delà des terres d'Adalric. Le prestige de la vierge
de Hohenburg était déjà très-grand. Des compagnes accoururent de toutes parts pour partager
sa vie : elles étaient d'origine franke et alémannique, et sortaient de la demeure obscure comme
de la maison de puissants dynastes. En peu
d'années leur nombre devait s'élever à cent trente.
C'était chose merveilleuse de voir avec quelle ra-
pidité ces essaims pieux se formaient. Un souffle
créateur passait, le souffle qui passe toujours

quand Dieu appelle une institution. Sainte Radegonde avait réuni comme par enchantement deux
cents vierges. A Remiremont, les religieuses étaient
devenues assez nombreuses pour organiser le
Laus perennis, au moyen de sept chœurs qui
chantaient alternativement et sans interruption les
louanges de Dieu dans sept églises ou chapelles
différentes.

Aussitôt qu'un certain nombre de vierges se
trouvèrent réunis, le nouveau monastère fut très-
solennellement inauguré. Un évêque consacra à
Dieu Odile et ses compagnes, en présence de la
famille ducale et d'un peuple nombreux. Cette
scène a inspiré une des plus suaves compositions
qui décorent les murs des chapelles du mont
Sainte-Odile. La peinture peut dire plus que nos
paroles, elle ne peut dire cependant toute l'émotion
d'Adalric et des siens, toute l'admiration du peuple,
toute la piété des vierges, tout le ravissement
d'Odile, et les saintes cérémonies, et les douces
prières, et les premiers chants des nouvelles religieuses.

Plusieurs formules autrefois en usage pour la
consécration des vierges ont été conservées. Dans
quelques-unes la piété s'épanche longuement,
d'autres sont plus courtes et non moins ardentes,
toutes expriment la beauté et la grandeur de la

virginité, et appellent les bénédictions de Dieu. La consécration avait lieu au pied de l'autel, après l'Evangile de la Messe. Au moment de remettre le voile sacré, l'évêque disait ordinairement : « Reçois ce voile, et puisses-tu le porter sans tache jusqu'au tribunal de Jésus-Christ ! » — Voici les paroles pleines de foi et de poésie qui terminent une oraison dans une de ces formules : « Puisses-tu avoir toujours pour témoin celui que tu auras un jour pour juge, afin que, lorsque tu entreras dans la chambre nuptiale avec ton flambeau allumé à la main, ton divin époux ne trouve en toi rien d'impur et de sordide, rien qu'une âme blanche comme la neige et un corps étincelant de pureté ; afin qu'au jour terrible du jugement, la flamme vengeresse n'ait rien à consumer en toi, mais la divine miséricorde tout à couronner ! Purifiée dès ce monde par la vie monastique, puisses-tu monter au tribunal du Roi éternel, pour habiter son palais céleste avec les cent quarante-quatre mille Innocents qui suivent partout l'Agneau, en chantant le cantique éternellement nouveau, et recevoir la récompense de tes labeurs d'ici-bas dans la demeure de ceux qui vivent toujours ! » — Une autre oraison demande pour la vierge qui s'offre à Dieu « une modestie prudente, une sagesse bienveillante, une gravité douce, une liberté chaste. » L'oraison ajoute, en s'adressant à Dieu : « Comment l'âme emprisonnée dans cette chair mortelle aurait-elle vaincu la loi de la nature, la liberté de la licence, la force de l'habitude, l'aiguillon de la jeunesse, si vous n'aviez vous-même allumé en elle la flamme de la virginité ? »

Dans la même formule, un dialogue de prières entre l'évêque et le peuple accompagne une dernière bénédiction :

L'évêque. — « Répandez, Seigneur, la bénédiction céleste sur votre servante que voici, sur votre sœur, qui s'est humiliée sous votre main, et couvrez-la de votre divine protection. »

Le peuple. — Ainsi soit-il.

L'évêque. — Puisse-t-elle toujours obéir à vos préceptes divins, éviter avec votre secours les révoltes incendiaires de la chair, vaincre la volupté par l'amour de la chasteté, garder toujours en elle l'huile de la sainteté et se réjouir à la lumière des clartés éternelles !

Le peuple. — Ainsi soit-il.

L'évêque. — Puisse-t-elle porter toujours à la main le flambeau sacré, et entrer ainsi par la porte royale du ciel, sur les pas du Christ, pour vivre à jamais auprès des âmes sages et chastes !

Le peuple. — Ainsi soit-il.

L'évêque. — Que celui-là daigne le lui accorder et nous exaucer, dont l'empire est sans fin.

Le peuple. — Ainsi soit-il.

L'évêque. — Que la bénédiction de Dieu le Père, le Fils et le Saint-Esprit demeure avec vous, ma sœur, ici-bas et à jamais.

Le peuple. — Ainsi soit-il (*).

Quelles voix pures en ces temps reculés ! Quelles ravissantes fleurs jetées à pleines mains et dignes du plus beau sacrifice !

Les chroniqueurs ne nomment pas l'évêque qui donna le voile à sainte Odile, — car il appartenait à l'évêque de consacrer les vierges. Odile fonda son monastère vers 680. Saint Léger avait terminé depuis deux ans son long martyre, et son ombre seule, son ombre bénie planait sur Hohenburg au jour heureux de la consécration. L'évêque consécrateur ne fut-il pas saint Florent qui occupait en 680 le siége épiscopal de Strasbourg ? Le roi Dagobert, le clergé et le peuple l'avaient également acclamé comme le plus digne de remplacer saint Arbogast ; et Adalric avait vu saint Florent à la cour du roi Dagobert. Nous vou-

(*) Martene, de antiquis Ecclesiæ ritibus, lib. II, c. 6., t. III, p. 116, 119, 121, traduit par M. de Montalembert, *Moines d'Occident*, t. V, p. 247, 248, 250, 252.

drions associer le nom de la patronne de l'Alsace et le nom de celui que l'Alsace vénère comme
son second apôtre. Florent était un de ces moines
irlandais oubliés dans leur patrie qu'ils quittèrent,
dont on rencontre le glorieux souvenir dans les
annales des nations de l'Europe, et dont on retrouve les reliques sous les autels où la reconnaissance des peuples les a enchâssées. Nul
n'était plus digne de consacrer la fondatrice de
Hohenburg que le fondateur de Haslach ; nul ne
pouvait mieux faire passer les ardeurs monastiques
dans l'âme des compagnes d'Odile que ce fils apostolique de la patrie des moines.

C'en est fait maintenant. Après tant d'épreuves
la voie d'Odile est marquée, et après tant de vicissitudes le sort de Hohenburg est arrêté. Adalric
continue encore pendant quelque temps à résider
dans la partie de son château qui n'est pas transformée ; cependant tout a changé de face sur la
hauteur. Ce ne sont plus des hommes de guerre
qui vont et qui viennent ; ce n'est plus le cor qui
sonne et qui livre son appel aux échos des montagnes ; ce ne sont plus les chefs du cortége bruyant
qui montent pour la fête. Hohenburg est silencieux et recueilli. L'homme qui marche seul dans
les sentiers de la côte, le bûcheron de la forêt
voisine, à certaines heures où tous les bruits se

taisent, entendent des voix harmonieuses qui viennent de la montagne et qui leur semblent venir du ciel : c'est le chant des religieuses. L'homme qui marche dans le sentier s'arrête pour mieux entendre, et le bûcheron ravi dépose la cognée. Le chemin qui conduit à Hohenburg n'est pas désert ; maint cortége s'y fait voir encore, mais sans appareil guerrier : de nouvelles compagnes arrivent à Odile. On les entoure pour les protéger, on les suit pour être témoin de la vie des vierges de la montagne. Il en viendra que le peuple saluera plus respectueusement et que Hohenburg recevra avec des démonstrations plus vives : ce seront des religieuses d'Irlande, d'Ecosse, de Bretagne, allant à Rome vénérer le tombeau des saints Apôtres ou revenant de la Ville sainte. Plusieurs demanderont à terminer à Hohenburg leur pèlerinage terrestre. Elles apporteront à la communauté leur expérience de la vie religieuse, leur zèle entreprenant et leur amour des lettres.

CHAPITRE VII.

Importance des monastères au septième et au huitième siècle. — Ni Palma ni Hohenburg n'appartiennent à la règle bénédictine. — Vie religieuse à Hohenburg. — Odile, la règle vivante du monastère. — Grande charité d'Odile. — Le lépreux guéri. — Le vin augmenté. — Fondation d'un hôpital au pied de la montagne.

L'époque mérovingienne est l'âge héroïque des moines. Deux choses frappèrent les païens de Rome et de la Grèce à l'origine du christianisme : le miracle et le martyre. Deux choses frappèrent les barbares qui avaient envahi les contrées de l'Occident : le miracle et la vie monastique. On s'arrêtera toujours devant ce phénomène de l'histoire des peuples actuels de l'Europe ; on verra avec étonnement le grand nombre de monastères, leur formation rapide et leur action puissante ; on ad-

mirera un tel enthousiasme d'abnégation au milieu
de passions indomptées, et ce prestige mystérieux
qui dominait le seigneur le plus altier comme le
serf le plus humble.

La fondation des couvents de femmes nous semble
encore plus admirable que la fondation et l'influence des monastères d'hommes. Aujourd'hui,
la vocation religieuse de l'homme attire l'attention plus que la vocation religieuse de la femme ;
il n'en fut pas de même au septième et au huitième
siècle. La femme germaine, quoique plus respectée
que la femme païenne de Rome et d'Athènes, n'a-
vait pas encore conquis le rang que la foi des
peuples chrétiens lui a donné. Pour dresser au sein
de la barbarie le type de la virginité, il fallait à
la religion une puissance surnaturelle de transformation ; il lui fallait le culte si pur et si fécond
de la Vierge des vierges. Si l'on veut comprendre
la religieuse de l'époque mérovingienne, que l'on
passe de la cour où dominait Frédégonde, ou même
de celle qu'inspirait Brunehaut, à l'asile où Radegonde, de reine devenue religieuse, avait réuni
autour d'elle deux cents vierges.

Maintenant qu'un asile est ouvert aussi aux
vierges de l'Alsace et des rives du Rhin, nous
allons y pénétrer pour voir de près la vie des compagnes de sainte Odile. Aucun document ne nous

initie à l'ensemble des règles et des habitudes qui étaient suivies à Hohenburg au septième siècle, mais nous pouvons recueillir çà et là quelques renseignements épars que viendra éclairer la lumière de l'histoire monastique contemporaine.

Plusieurs historiens ou chroniqueurs de l'ordre de saint Benoît ont pensé que sainte Odile avait adopté leur règle. Rien n'autorise cette opinion. Les monuments ne représentent pas la patronne de l'Alsace en costume de bénédictine ; ils la montrent tous avec les longues tresses mérovingiennes, et quelques-uns lui donnent même le vêtement blanc. D'ailleurs, au temps de la fondation de Hohenburg, la règle de saint Benoît commençait seulement, dans le Nord, à entrer dans les couvents de femmes, où ses statuts étaient combinés avec ceux de saint Césaire et de saint Colomban.

Les auteurs bénédictins ont été induits en erreur parce qu'ils croyaient à tort que sainte Odile avait été formée à la vie bénédictine au monastère de Palma. Le passage suivant de la légende de saint Ermenfroy, écrite par Egilbert, prévôt de Cusance, vers l'an 720, ne peut aucunement se concilier avec la règle de saint Benoît : « Il ne faut pas passer sous silence qu'une vierge qui vivait au monastère de Palma, éloigné d'environ six milles de celui de Cusance, appela sa servante : « Allez, lui dit-elle, annoncer à Wuarnier et à nos « sœurs qu'Ermenfroy passe en ce moment de cette « vie dans le sein de Dieu. » Or, c'était une coutume ancienne dans ce monastère, que les vierges à qui l'Esprit-Saint inspirait le désir d'une plus grande perfection, se fissent recluses et ne conservassent avec elles qu'une seule domestique (*). » Cette citation se rapporte au temps même où l'enfant aveugle du duc d'Alsace fut amenée dans l'abbaye de Baume.

Palma était du nombre de ces couvents de femmes qui n'avaient pas, à leur origine, de règle précise et déterminée. On y pratiquait ce qui est de l'essence de la vie religieuse, ce qui se trouve dans toutes les règles, et ce que prescrivaient les conciles du sixième et du septième siècle. Il appartenait à la fondatrice ou à l'abbesse, ainsi qu'à l'évêque qui avait la surveillance du monastère, d'emprunter aux diverses règles ce qui semblait opportun. Pendant plusieurs années, le monastère de sainte Radegonde ne connut d'autres règlements que ceux que la fondatrice elle-même lui avait donnés. Quand saint Donnat fonda Jussa-Moûtier

---

(*) *Mémoire historique sur l'abbaye de Baume-les-Dames*, par M. l'abbé Besson, p. 17-18.

à Besançon, ses filles spirituelles voulurent bien
rivaliser de ferveur et de zèle avec les moines de
Luxeuil, mais elles demandèrent expressément que
les lois des deux patriarches fussent modifiées selon
les convenances de leur sexe (1).

La jeune fondatrice de Hohenburg ne pouvait
prendre son modèle ailleurs que dans l'asile
bien-aimé qui l'avait recueillie. Les chroniqueurs
viennent à l'envi appuyer cette conclusion. Le P.
Peltre cite un document d'après lequel les religieuses de Niedermunster (2) vivaient, au temps
de Charlemagne, selon les statuts de la bienheureuse vierge Odile, leur mère. L'auteur de la *vie*
de sainte Odile, écrite en vers, nous apprend que
la fondatrice de Hohenburg composa la règle de
ses religieuses d'après les statuts de saint Benoît,
de saint Augustin et de saint Colomban. Il faut,
sans doute, substituer ici le nom de saint Césaire
à celui de saint Augustin. Voici un passage remarquable du biographe du onzième siècle. « La vénérable abbesse convoqua les religieuses. Quand
elles furent réunies, Odile leur demanda si elles
voulaient choisir la vie régulière ou la vie canonique. Les religieuses déclarèrent toutes d'une voix

(1) *Moines d'Occident*, t. II. p. 563.

(2) *In dem Untern-Hohenburg.* Ap. Dion. Albrecht, *History von
Hohenburg*, p. 181.

qu'elles étaient disposées à embrasser la vie régulière. « Mes sœurs bien-aimées, et vous, mes « mères, répondit alors l'humble et douce abbesse, « je sais que vous êtes prêtes, pour l'amour du « Christ, à supporter les choses les plus dures et « à entrer dans les voies les plus ardues. Cependant si nous choisissions la vie régulière, celles « qui nous suivront ici, ne pourraient-elles pas « un jour nous accuser d'imprévoyance ? Ce lieu « ne se prêtera que difficilement à la vie régulière ; « c'est à grand'peine que nous parvenons à nous « procurer de l'eau. Mieux vaut, si vous en jugez « comme moi, que nous conservions le costume « canonique. » Les religieuses comprirent le conseil de l'abbesse et adoptèrent la règle canonique, qui s'est maintenue jusqu'à nos jours. Le choix étant fait, Odile rendit grâces à Dieu : « Seigneur « Jésus-Christ, je vous rends grâces, à vous qui, « sans aucun mérite de ma part, par votre ineffable miséricorde, m'avez guérie de la cécité à « mon baptême. Protégez cette famille qui est la « vôtre et à laquelle vous avez daigné me préposer ; « éloignez d'elle les désirs charnels ; faites qu'elle « mette tout son zèle à vous servir d'un service « pur et sans tache (*). » — Il est facile de dégager

(*) Ap. Dion. Albrecht, p. 182.

la vérité historique de ce beau récit. Les expressions *vie régulière* et *vie canonique* sont du siècle où écrivait le chroniqueur ; ces expressions écartées, le récit du biographe exprime la situation que tout nous indique. Odile avait organisé Hohenburg d'après le modèle de Palma ; elle avait reçu dans son monastère des vierges et des veuves consacrées à Dieu. La ferveur était dans son premier élan, et les compagnes de sainte Odile aspiraient aux plus grandes austérités : elles demandaient toutes les rigueurs de la règle de saint Benoît ou même de la règle irlandaise. Non moins condescendante envers les autres que sévère envers elle-même, la fondatrice modéra l'ardeur des religieuses et adopta, parmi les prescriptions des règles connues, ce qui lui semblait le plus utile. Elle crut ne pas devoir astreindre les religieuses à une clôture absolue, laquelle, sur la montagne écartée où se trouvait le monastère, ne paraissait ni urgente ni même possible.

Le secret de la vie intime de Hohenburg nous étant livré, nous n'avons qu'à interroger l'histoire monastique et à parcourir les canons des conciles et les statuts des *patriarches* de la vie religieuse.

Quoique la clôture n'eût pas été établie dans toute sa rigueur, le bruit du monde n'arrivait pas jusqu'au nouveau monastère. Odile écartait,

avec le plus grand soin et des précautions mul-
tipliées, tout ce qui pouvait troubler des âmes
pures et virginales. A Hohenburg, l'indépendance
germaine apprenait la soumission. Le sacrifice de
soi, toujours dur à l'homme, l'était particulièrement à ces volontés énergiques et turbulentes.
Vingt fois Odile dut répéter des paroles comme
celles de saint Benoît : « Notre vie au milieu du
monde ressemble à l'échelle que vit Jacob dans
son songe : pour qu'elle atteigne au ciel, il faut
qu'elle soit plantée par le Seigneur dans un cœur
humilié : nous ne pouvons monter que par les différents échelons de l'humilité et de la discipline. »

Les offices liturgiques étaient réglés de manière
à donner à la prière une grande part dans la vie
des religieuses. Elles chantaient souvent la prière,
et ce chant était une des plus saintes et des plus
pures jouissances des nonnes comme des moines.
Le chant de Hohenburg était plein de mystère et
d'inspiration, lorsqu'il se faisait entendre au milieu
du silence et qu'une nuit calme couvrait la plaine.

Les journées des religieuses étaient bien remplies :
la prière, le travail, l'étude, les œuvres de charité
s'en partageaient les heures. L'hospitalité de Hohenburg devint célèbre; le monastère fut comme
une station pour les pèlerins d'outre-mer qui se
rendaient à la ville éternelle. Une tâche quotidienne

de travail était imposée à toutes les religieuses, sans distinction de rang ni de condition. Elles n'étaient étrangères à aucune des occupations propres à leur sexe. Nos lecteurs se souviennent du voile de Palma brodé par Odile; Ebersmunster s'est glorifié aussi de posséder un vêtement sacré orné de la main de la sainte abbesse : la broderie fut donc un des arts cultivés dans son monastère. Les plus habiles d'entre les religieuses quittaient l'aiguille à l'heure fixée pour transcrire des manuscrits. Odile avait été initiée aux études littéraires à Palma, et son âme élevée était faite pour les aimer : elle transmit à Hohenburg son amour des lettres, qui demeura comme un précieux héritage. Le principal monument qui nous reste du monastère de Sainte-Odile, n'est-ce pas un monument littéraire, dû à une femme de génie : le riche et suave *Hortus deliciarum* de Herrade de Landsperg ?

La vie de la fondatrice nous apprendra ce que furent les austérités à Hohenburg. Celles-ci étaient de toutes les règles. Les austérités de la règle irlandaise étaient prodigieuses ; les jeûnes et les abstinences étaient tellement fréquents dans les règles de saint Césaire et de saint Benoît qu'on a pu appeler la vie du couvent un jeûne continuel. Dans la lutte du christianisme avec la barbarie, dans l'antagonisme de l'esprit contre les violences de la chair nullement dominées jusque-là, l'austérité était la plus puissante et la plus indispensable auxiliaire. Il y eut comme un courant de pénitence qui entraînait les âmes généreuses. Cinq siècles après sainte Odile, quand l'orage grondait toujours dans le monde, avec moins de force cependant qu'au septième siècle, Herrade de Landsperg éloignait encore du plaisir les vierges de Hohenburg et les appelait aux pensées et à la vie austère : « Domptez la chair, si vous voulez échapper à la mort ; que la raison soit votre souveraine maîtresse. Si la tentation frappe contre le rempart de votre cœur, ne souffrez point que la volupté devienne cause de votre chute ; car, qu'est-ce que la face superbe, et la belle chevelure, et la forme gracieuse des membres et l'incarnat des joues ? Tout se flétrit, tout passe, tout retourne à la cendre ; la chair molle cache sous son enveloppe le ver du sépulcre..... Tout ce qui se produit dans l'orbe du monde, coule vers la mort ; la gloire, la richesse, la noblesse de la race, ce qui brille et honore, ce qui embellit, oh ! rien ne peut arrêter la mort ; rien ne peut racheter la vie ! » (*).

(*) M. L. Spach. *Lettres sur les Archives départementales du Bas-Rhin*, p. 189.

Nous ne pouvons énumérer tout ce qui dans les pratiques monastiques devait exercer l'humilité des religieuses, maintenir l'union entre elles et élever leur âme vers Dieu. Si la règle apprenait à bien vivre, elle enseignait aussi à ne pas craindre la mort. A Hohenburg, pour familiariser les religieuses avec la mort, on conservait les corps des défuntes dans une espèce de sépulcre pratiqué dans le roc contre lequel était adossé le mur d'une chapelle (*); ils restaient là un temps considérable, et leurs ossements vénérés n'étaient confiés à la terre que lorsque les chairs avaient été consumées. Touchant commerce entre les sœurs vivantes et les sœurs défuntes! Il rappelait que la mort n'éloigne pas entièrement et ne sépare pas à jamais.

Hohenburg possédait plus qu'une règle écrite; il y avait là une règle vivante. Les chroniqueurs disent que les religieuses modelaient leur vie sur celle de leur sainte abbesse. Odile avait tous les dons nécessaires pour exercer cette autorité : la naissance ducale, l'expérience de la vie religieuse, la consécration de l'épreuve, l'attrait de la plus douce sainteté et l'auréole du miracle. Elle avait besoin de tous ces dons réunis, car toutes ses

(*) La chapelle de Saint-Pierre et de Saint-Paul.

compagnes ne déposaient pas immédiatement à la porte du cloître les vices de la barbarie. Si vous avez étudié le cœur humain dans ses aspirations et son inconstance, représentez-vous la vie du cloître où de longues années de silence et d'abnégation succèdent à l'éclat et à l'élan du premier sacrifice. Tous les jours les aspirations renaissent, tous les jours le sacrifice se renouvelle, et il n'a que Dieu pour témoin. L'âme des jeunes compagnes d'Odile était impétueuse : elles n'avaient guère connu dès l'enfance le frein de l'éducation chrétienne; toute règle et toute mesure devaient leur apparaître comme un joug pesant. Que de combats au-dedans des cœurs! que de brusques écarts au dehors! tantôt, quelle fougue intempérée de spiritualisme, et puis, quels mouvements abrupts d'insubordination! Odile était là pour tout comprendre, pour tout ramener, pour tout pacifier ; sa douceur imposait le calme à la tempête. Tous les souvenirs de Hohenburg relatés par les chroniqueurs sont des souvenirs de paix. Les habitants de la plaine, en portant de loin leurs regards sur Hohenburg, pouvaient dire aussi : « Voyez l'arche qu'Odile a bâtie pour ses sœurs contre les orages du monde. » (*).

(*) Quasi recentior temporis nostri Noe, propter turbines et

Ce que les chroniqueurs ont particulièrement célébré, c'est la charité de Hohenburg. Il en a été ainsi pour tous les monastères; leur bienfaisance a laissé le plus de traces dans la mémoire des hommes. « Le voyageur le plus entreprenant, s'écrie l'historien des moines, l'investigateur le plus malveillant aura beau fouiller, comme nous l'avons fait, les ruines et les traditions claustrales, il ne trouvera nulle part un monastère qui n'ait mérité cette oraison funèbre que nous avons recueillie en visitant les débris du Val-des-Choux en Champagne, de la bouche d'une vieille femme contemporaine des moines : « C'était un vrai couvent de charité ! » (*). La tradition reconnaissante du peuple alla jusqu'à attribuer à la charité d'Odile les voies romaines qui conduisaient jadis à Altitona : la sainte, disait-on, voulait faciliter aux malheureux l'accès de leur refuge. Les biographes racontent que l'escarpement de la montagne n'empêchait pas les pauvres et les infirmes de traîner leur misère jusqu'en vue de celle qui les consolait et les soulageait. Odile leur portait elle-même la nourriture, et leur

procellas, sodalibus vel sororibus in latere Ecclesiæ monasterii fabricabat arcam. etc. (Boland., tome VI., page 70.)

(*) *Moines d'Occident.* Introduction, LXIII.

donnait les plus tendres soins. Elle voulait toujours que la main gauche ignorât ce que faisait
la main droite ; mais il plut à Dieu de glorifier
l'humble charité de sa servante. Dans la vie des
saints, c'est leur charité qui a évoqué le plus de
miracles. Voici comment le chroniqueur du huitième siècle raconte un premier prodige, avec le
naïf accent de la vérité : « Il arriva qu'un lépreux
fut trouvé devant la porte du monastère, demandant l'aumône. Sa lèpre répandait une odeur
tellement infecte qu'on ne pouvait s'arrêter dans
le corridor voisin de la porte. Odile fut avertie :
elle se hâta de préparer un aliment pour l'infor-
tuné ; elle vint ensuite, embrassa le lépreux, lui
présenta de ses propres mains la nourriture, et
supplia Dieu, en versant d'abondantes larmes, de
rendre la santé au lépreux ou de fortifier sa
patience dans ses maux. L'on put voir alors
combien la prière du juste est puissante auprès
de Dieu. Cet autre Lazare fut aussitôt guéri ; on
ne vit plus trace de la lèpre, et toute infection
avait cessé *). »

Le P. Peltre rapporte à la charité de Hohenburg, qui avait épuisé les ressources du monastère, le récit suivant que nous transcrivons d'après

---

(*) Ap. Dion. Albrecht, *History von Hohenburg*, page 107.

le biographe du onzième siècle : « C'était un
jour de fête. On avait coutume de chanter tous
les jours le psautier et de jeûner tous les jours
(excepté les jours de fête). Pendant que les religieuses priaient et récitaient par cœur le psautier, la sœur qui était chargée du soin de la
maison vint trouver l'abbesse : « Dame abbesse,
« dit-elle, je ne puis vous le cacher, il ne reste
« plus de vin pour les sœurs ; nous n'en avons
« plus que pour la journée : voyez, dans votre
« sagesse, comment il faut faire. » — « Ma fille,
« répondit la sainte mère, ne vous inquiétez pas
« davantage, ayez confiance en Dieu. Celui qui
« a nourri plusieurs milliers d'hommes avec cinq
« pains et deux poissons, pourra, s'il plaît à sa
« toute-puissance, augmenter le peu de vin qui
« nous reste. Allez où le devoir vous appelle,
« et n'oubliez point ce que dit le Seigneur :
« Cherchez d'abord le royaume de Dieu et sa
« justice, et le reste vous sera donné par sur-
« croît. » La religieuse, après avoir reçu cet avis
et la bénédiction de l'abbesse, s'éloigna. Quand il
fut temps de chercher le vin pour le repas, la
sœur vint auprès du vase qui avait été presque
vide et le trouva rempli. Elle se hâta d'annoncer
à l'abbesse ce qui venait d'arriver. Odile rassembla
aussitôt ses religieuses ; elle rendit grâce à la bonté

de Jésus-Christ, qui ne délaisse pas les âmes fidèles et qui avait voulu augmenter le vin de ses servantes afin qu'elles le servissent sans plaintes et sans murmures. » (1).

Le synode d'Aix-la-Chapelle, de l'année 817, ordonna aux monastères de femmes d'avoir un hôpital, en dehors de l'enceinte du couvent (2). Cette prescription ne fit que consacrer ce qui était généralement établi. Les chroniqueurs nous apprennent que Hohenburg eut de bonne heure son hôpital et que, pour le fonder, Berswinde voulut venir en aide à sa fille. Afin d'en rendre l'accès plus facile aux infirmes, Odile le fit construire au pied de la montagne, au bord d'une source, dans un vallon solitaire. L'hôpital avait une chapelle qui porte, dans le récit des chroniqueurs, tantôt le nom de saint Martin, tantôt celui de saint Nicolas : on y honorait peut-être à la fois les deux saints si populaires au moyen-âge. Berswinde, *presque aussi miséricordieuse que sa sainte fille*, dota l'hôpital.

Le même synode d'Aix-la-Chapelle prescrivit aux prêtres chargés du soin spirituel des religieuses

---

(1) Ap. Albrecht, page 121.

(2) Mansi, t. XIV p. 266 sqq, Harduin, t. IV, p. 1165, sqq. Harzheim, t. I, p. 530 sqq.

d'avoir leur église et leur demeure en dehors du monastère. Les chroniqueurs mentionnent une donation du père de sainte Odile, destinée à l'entretien des prêtres qui desservaient Hohenburg, et le P. Albrecht assure que des ruines marquaient autrefois, en dehors de l'enceinte primitive du monastère, l'emplacement de la demeure de ces prêtres (1). La donation, sans doute augmentée dans la suite, forma plus tard quatorze bénéfices.

Enfin le synode d'Aix-la-Chapelle permit encore qu'un prêtre, accompagné d'un diacre et d'un sous-diacre, entrât dans l'enceinte même du cloître pour célébrer plus solennellement l'office de certaines fêtes; et nous lisons dans les chroniqueurs que, en retour de largesses considérables faites par sainte Odile à Ebersmunster, un prêtre, un diacre et un sous-diacre de ce monastère devaient se rendre à Hohenburg les jours de Noël, de Pâques et de Pentecôte (2). L'abbé d'Ebersmunster devait officier en personne à Hohenburg le jour de la Nativité de la Vierge. — C'est ainsi que la chronique et les anciens documents se donnent la main pour confirmer les détails d'une histoire chère à l'Alsace, niée trop témérairement par une critique présomptueuse.

(1) *History von Hohenburg*, p. 215.
(2) Ap. Albrecht, p. 138.

CHAPITRE VIII.

Pendant que l'asile de paix s'établissait, se développait et prospérait au haut du Hohenburg, plus d'un orage passa sur l'Alsace. Les dernières années d'Adalric ne furent pas aussi tranquilles que le silence des chroniqueurs pourrait le faire supposer. Il est difficile d'admettre que le puissant dynaste n'ait pas pris part à la levée de boucliers des seigneurs d'Austrasie contre l'omnipotence d'Ebroin, en 680. N'avait-il pas à venger la mort de saint Léger ? En 684, Thierry III parut en

Alsace, et Adalric signa un diplôme du roi en
faveur d'Ebersmunster. En 687, quand les leudes
austrasiens se levèrent une seconde fois avec Pepin
d'Héristal, pour ne pas subir la loi du maire
neustrien Berthaire, Adalric ne pouvait rester
neutre : le duc lui-même ou ses fils aidèrent à
remporter la victoire décisive de Testry, qui assura
la prépondérance de l'illustre chef des seigneurs
austrasiens. Pepin d'Héristal traversa l'Alsace vers
l'an 689, marchant contre le duc d'Alémanie, le
vaillant Gothefried ; l'historien Damberger n'hésite
pas à ranger le duc Adalric et ses fils du côté de
Pepin (*).

Dans cette période, de 680 à 690, le fils de sainte
Begga conquit sur les seigneurs austrasiens l'ascendant que, dans la période précédente, nous
avons vu exercé par le père de sainte Odile. La
Providence voulait grandir le père de Charles Martel, l'aïeul de Charlemagne. L'âge et les évènements malheureux avaient au contraire atteint
l'énergie d'Adalric ; le martyre de saint Léger et
le meurtre du roi Dagobert avaient profondément
ébranlé son existence : la mort de son fils Hugues,
qui avait retrouvé toute l'affection de son père en
même temps qu'Odile, vint couvrir de tristesse les

(*) Damberger, t. II, p. 153.

dernières années de sa vie. Déjà en 684, nous voyons
un autre de ses fils, le comte Adelbert, associé à
l'administration du duché d'Alsace. A mesure que
l'activité d'Adalric se détournait des conflits toujours renaissants de la société mérovingienne, un
besoin profond de calme s'emparait de son âme.
Bien qu'Ehenheim, après la transformation du
château de la montagne, fût redevenu sa résidence
ordinaire, il alla très-souvent à Hohenburg pour
être témoin des pieuses merveilles du monastère :
le nombre des religieuses l'étonnait, et leur zèle
le touchait. Les chapelles qu'il avait bâties autrefois étant devenues trop étroites, il fit construire
une église spacieuse. Il ne refusait rien au désir
d'Odile. Il aimait à s'entretenir avec elle ; leurs
entretiens étaient intimes et prolongés. Nous nous
représentons le duc qui descend la montagne après
ces entretiens, heureux et louant Dieu ; puis,
certaines pensées se lèvent en lui, d'étranges fan-
tômes semblent passer devant ses yeux, et son
front s'assombrit : c'est Germain qu'il voit massacré
par ses bandes au milieu de la dévastation des
terres de Grandval ; c'est son enfant aveugle qu'il
voit errante et proscrite ; c'est le généreux Hugues
qu'il aperçoit pâle et sans mouvement ; ce sont
peut-être encore d'autres souvenirs, que le silence
des chroniqueurs et de la tradition a livrés à l'oubli

de la postérité et qu'Adalric ne peut oublier. Dieu a fait le remords, et parce que le remords est une voix de la justice de Dieu, les âmes généreuses écoutent le mieux cette voix et s'accusent elles-mêmes avec le plus de sévérité.

Adalric ne put résister toujours aux constantes préoccupations de l'éternité qui dominaient en lui. Il partagea ses domaines entre ses enfants, ne se réservant que les biens qu'il destinait encore au monastère d'Odile ; et il se retira ensuite à Hohenburg, accompagné de Berswinde, pour ne plus vivre que d'une vie de prière, de charité, de pénitence. Nous pensons que, pour obéir aux prescriptions de la règle, il établit sa demeure en dehors de l'enceinte du couvent. S'il y pénétrait quelquefois, c'était pour s'édifier, pour se recueillir, peut-être pour pleurer ; et rien n'était plus touchant que de voir le noble vieillard, naguère si fier et si farouche, maintenant prosterné et s'humiliant devant Dieu à la pensée des écarts de sa nature violente. Il ne vécut que peu de temps dans sa retraite. Il fut atteint d'une maladie qu'Odile reconnut bientôt comme devant être la dernière : « La sainte fille consola son père, dit le plus ancien de nos chroniqueurs ; elle le fortifia à l'heure de la mort, et le noble duc rendit son âme en paix. » Par une disposition spéciale de la Pro-

vidence, Berswinde ne survécut que neuf jours au
duc son époux : elle avait accompli sa mission.
Elle ne fut pas malade : s'étant agenouillée dans
la chapelle de Saint-Jean-Baptiste, elle s'affaissa,
et, après avoir été douce pendant toute sa vie, elle
s'endormit doucement en Dieu. Les funérailles du
duc d'Alsace et de la duchesse furent très-solen-
nelles et pleines de larmes. Tous les enfants d'Adalric et les parents de Berswinde vinrent rendre les
derniers devoirs aux défunts, et embrassèrent en
pleurant les corps inanimés .*.

Odile, en laissant libre cours à ses larmes, ne
croyait pas faire injure au Dieu qui a consacré,
devant la tombe de Lazare, les larmes données aux
morts. Elle voulut demeurer seule avec Dieu, et
offrait pour le repos de l'âme de son père et de sa
mère un jeûne rigoureux et des prières continuelles.
« Or, pendant qu'elle priait ainsi, elle eut une
vision : Adalric, son père, lui apparut entouré de
flammes et livré à de grands tourments parcequ'il
ne s'était pas assez repenti de certaines fautes,
et surtout parcequ'il avait repoussé sa fille aveugle
et n'avait pas voulu l'admettre au nombre de ses
enfants. » Avertie que son père souffrait à cause
d'elle et comptant sur la miséricorde de Dieu qui

(*) Ap. Albrecht, page 106.

avait toujours exaucé ses prières, Odile fit vœu
de ne plus manger et de ne plus boire jusqu'à ce
que son père fût délivré des peines qu'il endurait.
Elle avait déjà passé cinq jours dans ce jeûne
extraordinaire et dans cette dure mortification,
lorsqu'elle vit tout-à-coup une clarté éblouissante
se répandre dans le lieu où elle se trouvait; elle
aperçut en même temps l'âme du vénérable Adalric,
rendue visible pour elle et rayonnante de gloire :
un ange et un saint couvert de vêtements sacer-
dotaux la conduisaient au ciel. Odile fut pénétrée
de reconnaissance envers la bonté divine et lui
rendit grâces avec effusion. Elle se hâta ensuite
d'apprendre à ses frères Adelbert et Etichon comment Dieu venait d'user de miséricorde à l'égard de
leur père : elle épancha toute sa joie devant eux;
et les deux frères furent soulagés, et ils retournèrent dans leurs domaines, le cœur plein d'une
douce consolation (*). »

Nous venons de transcrire un récit du chroniqueur contemporain. Les hommes des temps passés
savaient seuls, dans leur humble foi, raconter avec
une suave simplicité et sans étonnement les faits
extraordinaires. On conçoit sans peine que dans
le lieu où Odile demanda la délivrance de son

(*) Ap. Diom. Albrecht, p. 107.

père, ce souvenir ait effacé tout autre : l'oratoire
où elle pria s'appela depuis ce temps et s'appelle encore aujourd'hui la *Chapelle des Larmes*.
L'endroit où tombèrent les larmes de la sainte est
toujours marqué, après onze siècles : là sont venues
tomber d'autres larmes sans nombre ; là des milliers
de cœurs, que l'amertume du deuil remplissait, se
sont trouvés consolés.

Dieu lui-même s'étant plu à rassurer Odile sur
le sort de l'âme de ses parents, elle songea à ce
qu'elle devait à leur corps maintenant deux fois
vénérable. Les restes mortels d'Adalric et de
Berswinde furent déposés dans un tombeau commun, que la sainte, selon le vœu des défunts,
avait fait préparer dans l'oratoire de la sainte
Vierge. Leurs ossements devaient subir des vicissitudes nombreuses. Le sarcophage, sans doute
modifié, peut-être remplacé, changea plusieurs
fois de place *. Une partie des restes d'Adalric
fut conservée jusqu'à la Révolution dans l'église
abbatiale d'Ebersmunster.

Il nous souvient ici que M. Roth, le critique de
l'histoire de sainte Odile, se rit de l'émotion qui

(*) Il fut transporté, par suite des désastres de 1346, dans la
chapelle des Anges et de là, en 1755, à sa place actuelle dans
la chapelle de la Croix. (N. Schir, *Guide du Pèlerin*, page 42.)

a surpris l'austère Schœpflin devant le sarcophage
d'Adalric. Ce rire est peu digne et l'émotion de
Schœpflin est légitime et noble.

Nous avons ressenti vivement la puissance du
souvenir sous les voûtes antiques et presque sé-
pulcrales de la chapelle de la Croix, qui possède
le sarcophage depuis 1755, et en présence de la
statue de bois dans laquelle est incrusté ce qui
reste des ossements du duc d'Alsace (*). Nous
avons médité en cet endroit sur le grand combat
entre la barbarie et la sainteté dans notre naissante
Europe, et nous ne l'avons jamais mieux compris.
L'imposante figure du père de sainte Odile s'est
dressée tout entière devant nous, avec l'enveloppe première de la barbarie, la fougue indomptée
des passions, l'énergie qui a pu détruire mais
qui a plus encore fondé, la foi qui a brisé l'orgueil
et donné enfin à Dieu ce qui était à Dieu, la noble
réhabilitation du repentir, la majesté d'une sainte
mort, la couronne séculaire d'une postérité royale.
Nous avons songé, de même que Schœpflin, à cette

(*) On voyait autrefois cette statue dans l'abbaye d'Ebersmunster. Ce fut par les soins de feu le chanoine Rumpler que
la statue, tombée pendant la Révolution en des mains étrangères, vint prendre la place qu'elle occupe maintenant. (N.
Schir, *Le Guide du Pélerin au mont Sainte-Odile*, p. 45-46).

incomparable lignée de puissants, de rois, d'empereurs, qui, partant de Hohenburg, a traversé
tant de siècles et occupé tant de trônes. Nous
avons, comme prêtre, songé à la phalange plus
glorieuse des saints dont la vierge de Hohenburg
ouvre les rangs, et à laquelle l'admiration populaire
a associé le duc Adalric. Nous avons enfin, comme
fils de l'Alsace, songé à ce courant de vie chrétienne qui de Hohenburg, sa source la plus féconde, s'est répandu sur toute notre province
pour la régénérer. Une femme du peuple, en pèlerinage au mont Sainte-Odile, s'était agenouillée
à côté de nous près de la statue en bois du duc
Adalric; nous avons fait comme cette humble
femme, et la prière s'est présentée d'elle-même sur
nos lèvres.

L'année de la mort du duc d'Alsace est diver-
sement indiquée; il faut la placer entre 690 et 700.
Plusieurs historiens ont fait d'étonnants efforts
d'érudition pour déterminer la part des domaines
d'Adalric qui revint à chacun de ses fils. Adelbert
devint duc d'Alsace. Le contemporain anonyme
attribue aussi le titre de duc à Etichon, dont la postérité, comme celle d'Adelbert, fut illustre. Nous
avons rapporté que Hugues ou Hugon mourut
avant son père d'une mort malheureuse. Les chroniqueurs constatent la douleur profonde que cette

mort causa à Odile : la correspondance de Palma
avait établi entre elle et ce frère des liens que des
souffrances communes fortifièrent et que la mort ne
put briser. Les descendants du comte Hugues
s'éteignirent de bonne heure, non sans avoir servi
Dieu et les hommes. Le quatrième fils d'Adalric,
Batachon (*), moins connu que ses frères, fut digne
d'eux et de sainte Odile. Sa descendance n'alla
pas au-delà du huitième siècle; elle marqua néan-
moins sa trace dans les annales monastiques.
Roswinde, l'unique sœur d'Odile, est une de ces
saintes apparitions du monde mérovingien qui se
faisaient voir à peine, pour se soustraire aussitôt
au regard des hommes et de l'histoire. Fleurs
délicates, elles avaient besoin, pour s'épanouir,

(*) Schœpflin a rayé du tableau généalogique du duc Athic
le nom du comte Batachon, en alléguant pour motif que ce
nom ne figure dans aucun document. Or, les renseignements
traditionnels, qui nous ont transmis ce nom, ont été pleinement
justifiés depuis par des documents non connus de Schœpflin, et
le comte Batachon a repris le rang que lui avait assigné la
tradition. Non seulement ce nom est inscrit dans l'ancienne
Notice généalogique de l'abbaye de Honau, découverte par Grandidier, mais il figure à plusieurs reprises dans des documents
parfaitement contemporains, à savoir dans le précieux cartulaire
intitulé : *Tradiliones possessionesque Wizzenburgenses,* découvert
plus récemment encore. (M. l'abbé Gyss, *Histoire de la ville
d'Obernai,* p. 8).

d'être à l'abri du vent et de la tempête. Odile
n'avait eu qu'à paraître, et la douce Roswinde
appartenait à sa sœur et à Dieu. Elle fut une
des premières religieuses de Hohenburg et devint
une des plus saintes. Hohenburg, qu'elle embauma
de l'odeur de ses vertus, conserva sa mémoire.
Son nom fut un de ceux que la piété populaire
aimait le plus à prononcer : il eut rang dans les
anciennes litanies des saints du diocèse de Strasbourg.

L'influence ou plutôt le prestige d'Odile dans
sa propre famille fut tout-puissant. Le duc Adelbert
avait trois filles: Attale, Eugénie et Gundelinde ;
elles entrèrent bien jeunes à Hohenburg, peut-
être pour y recevoir cette éducation élevée qui
était le privilége des monastères, qui tranchait
tant avec les mœurs du dehors, et qui a formé
un si grand nombre de femmes vraiment supérieures à leur temps ; l'attrait du cloître ne tarda
pas à se faire sentir à ces âmes d'élite, et elles
ne voulurent d'autre époux que celui d'Odile (*).
Nous dirons plus tard comment les trois sœurs
apprirent, sous la conduite de leur tante, à devenir
des saintes.

(*) Ap. Albrecht: p. 120.

CHAPITRE IX.

Origine des églises et des chapelles. — Les chapelles de Hohen-burg. — Construction de la chapelle de Saint-Jean-Baptiste. — Consécration miraculeuse de cette chapelle. — Perpétuité des dogmes et des pratiques catholiques.

Nous continuons l'histoire de Hohenburg, que nous avons dû interrompre par le récit de la mort et de la délivrance du duc Adalric. En parcourant les annales monastiques de notre province, nous avons été frappé plus d'une fois du soin avec lequel nos pieux chroniqueurs marquent l'origine des églises et des chapelles, ainsi que les phases heureuses ou malheureuses de leur existence. Evidemment, les églises et les chapelles leur tenaient à cœur, et ils étaient sur ce point l'écho fidèle de leur temps. Le cœur humain ne peut vivre dans le vague, qui est pour lui le vide :

tout ce qui est destiné à exercer sur les hommes un attrait puissant doit se préciser et frapper les sens par un côté quelconque. La piété s'est toujours exprimée au dehors, et Dieu lui-même a désigné parfois le lieu de la prière. Il y a là un besoin de l'âme, auquel tous les peuples ont obéi : plus le sentiment religieux était profond, plus il s'est produit extérieurement. On sait la vivacité de la foi de nos pères : c'est elle qui a évoqué cette multitude de chapelles que nos chroniqueurs signalent ; c'est elle qui a planté une croix au bord du chemin, quand la chapelle n'était pas possible ; c'est elle qui a créé par des prodiges de puissance nos étonnantes cathédrales. Chaque dévotion avait sa chapelle. La chapelle s'élevait au milieu du bourg naissant, près de la villa royale, à côté du monastère, au fond d'un bois, au pied d'une montagne ou au haut d'une colline. Elle rappelait un évènement heureux ou un accident tragique ; on la plaçait souvent à l'endroit où Dieu s'était montré propice aux hommes ; elle servait encore à désigner le lieu où vécut, où mourut un homme de Dieu. Elle honorait de saintes mémoires, elle était le monument de la reconnaissance, elle consacrait les traditions populaires. Les chapelles du septième et du huitième siècle n'ont pu survivre ; mais d'autres les remplacent, ou bien elles survivent

dans les annales et dans les souvenirs du peuple.
De pieux récits, de délicieuses légendes s'attachent
à chacune d'elles. Viendra-t-il un jour l'historien
des antiques chapelles de l'Alsace? Nous fera-
t-il connaître leur nombre, leur site, leurs traditions et leur poésie?

Nos lecteurs se sont agenouillés dans les diverses
chapelles du mont Sainte-Odile : on les visite avec
un intérêt si vif, on y prie avec une dévotion si
douce. A la porte, le pèlerin qui va entrer ou
celui qui sort raconte à ceux qui l'accompagnent
l'histoire de la chapelle. Au temps de sainte Odile,
il y avait à Hohenburg six ou sept chapelles,
deux d'entre elles construites par Adalric, les
autres élevées successivement par sainte Odile
elle-même.

On ne trouve que peu de détails sur la chapelle
de Saint-Pierre, due au père de sainte Odile. L'oratoire de la Mère de Dieu est mieux connu des
chroniqueurs. Il était attenant à la chapelle principale; il avait peu d'étendue, et ne recevait probablement que très-peu de jour. Odile s'y retirait
aux heures où l'âme cherche la solitude. Chose
étonnante que cette aspiration générale vers la
solitude dans les saints du siècle que nous étudions!
La retraite du cloître ne leur suffisait pas : ils
avaient une chapelle dans l'enceinte de leur

couvent ou une cellule à quelque distance du
monastère, et ils aimaient à s'y trouver seuls. Saint
Déodat alla mourir dans sa cellule solitaire. Que
de douleurs et que d'inquiétudes Odile dut épancher,
au milieu du silence profond de son oratoire, au
souvenir et sous l'invocation de la Mère de douleur
et de la Mère d'espérance !

La chapelle voisine de l'oratoire de la Mère de
Dieu était celle de la Sainte-Croix. Les chapelles
de la Croix se rencontraient fréquemment ; on les
trouve en grand nombre dans les chroniques des
monastères. Aucune dévotion n'était plus légitime
ni plus salutaire ; aucune n'a laissé plus de traces.
Nos chroniqueurs parlent du tendre amour d'Odile
pour le signe de notre Rédemption. L'amour de
la croix était le secret de la force plus qu'humaine
de l'abnégation claustrale. En l'absence d'une
église ou d'un oratoire, c'était autour d'une croix
que s'assemblaient, au nom du Dieu des chrétiens,
les populations naguère réunies près du chêne sacré.

Quel fut le vocable de la chapelle des Larmes ?
Aucun chroniqueur ne l'indique. Cette chapelle
n'est connue que par les larmes de piété filiale
qu'Odile y versa après la mort de son père. Ce
souvenir assurément lui suffit : après la chapelle
qui possède les reliques de la sainte, nulle autre
n'est plus aimée des pèlerins ; dans nulle autre

ils ne sont plus visiblement saisis, ni ne prient
avec un recueillement plus ému.

A l'extrémité du rocher de Sainte-Odile, au bord
du précipice, monte encore maintenant la chapelle
des Anges ou la *Chapelle pendante*. On croit que
les murs actuels appartenaient à la chapelle primitive et, antérieurement, à une tour romaine de
l'Altitona, à une tour de garde. Hohenburg ayant
été placé sous la garde des anges, Odile fit de
la tour de garde une chapelle qu'elle dédia aux
esprits bienheureux. C'est la chapelle des mystérieux récits. Odile y invoquait les anges, que
Dieu qui n'isole rien, a mis en relation avec les
hommes. Les chroniqueurs nous apprennent que,
dès sa vie mortelle, l'angélique vierge eut le
bonheur d'y converser souvent avec les esprits
célestes. La chapelle des Anges reçut en 1617 le
sarcophage vénéré d'Adalric et de Berswinde.

Mais la chapelle des prodiges fut celle de Saint-
Jean-Baptiste. Depuis les grâces de son baptême,
Odile avait voué au précurseur de Jésus-Christ le
culte le plus ardent de vénération et de reconnaissance. Elle songeait à élever une chapelle qui
porterait son nom; elle priait beaucoup et demandait,
par l'intercession du saint, que l'emplacement
le plus favorable lui fût désigné. Une nuit, elle
se leva avant matines et alla se prosterner sur

un rocher écarté, qu'on désigna dans la suite
par une petite croix. Pendant qu'elle suppliait
Dieu, saint Jean-Baptiste daigna lui apparaître,
environné d'une lumière éclatante, vêtu comme le
Sauveur au bord du Jourdain. La religieuse qui
était chargée d'annoncer l'office, sortit à la même
heure pour observer le cours des astres et pour
savoir si le temps des Matines était arrivé : elle aperçut une grande clarté et s'approcha pour en connaître la cause; mais l'éclat de la lumière fut tel
que la religieuse, saisie de frayeur, se hâta de rentrer
dans le cloître. Elle avait pu distinguer au milieu
de la lueur la sainte abbesse; mais elle n'avait point
vu saint Jean-Baptiste, qui indiqua à Odile l'emplacement de la chapelle. Dès que les Matines
furent chantées, Odile fit appeler celle des servantes de Dieu qui avait vu la clarté mystérieuse :
elle lui défendit de parler de la vision nocturne
avant la mort de son abbesse; elle lui révéla ensuite ce que la religieuse n'avait pu ni voir ni
entendre, et lui dit : « La clarté que vous avez vue
« ne s'est pas produite pour moi; elle environnait
« saint Jean-Baptiste, qui m'a ordonné de cons-
« truire une chapelle en son honneur. » Le jour
était à peine venu, qu'Odile pleine de joie prenait
déjà les premières dispositions pour l'œuvre sainte [*].

(*) Ap. Albrecht, p. 120.

« Pendant que la construction de la chapelle de Saint-Jean-Baptiste était en voie, il se passa encore un évènement merveilleux, qu'on ne peut aucunement passer sous silence. Une voiture chargée de pierres tomba d'un rocher haut de plus de soixante-dix pieds. Tous les gens de service du monastère accoururent, croyant les bœufs perdus, et décidés à les achever s'ils conservaient un reste de vie ; mais, tant est puissante l'intercession de saint Jean-Baptiste ! ils trouvèrent la voiture intacte ; les bœufs n'avaient point souffert, et ils continuaient à traîner tranquillement la voiture dans un chemin si étroit qu'il semblait à peine praticable pour des chevaux (1). »

Entreprise par ordre du Ciel et construite sous sa protection visible, la chapelle de Saint-Jean-Baptiste vit encore les faveurs extraordinaires d'en haut quand elle fut terminée. La veille de la consécration, Odile s'enferma dans la chapelle : après avoir passé tout le jour dans le jeûne, elle passa toute la nuit en prières, et elle fut témoin d'une de ces solennités célestes que relatent les annales de plus d'une maison de Dieu. Le prince des apôtres vint accomplir lui-même la cérémonie de la consécration : il était entouré d'un chœur d'anges (2) qui

(1) Ap. Albrecht, p. 121.
(2) Jer. Gebwiller, ap. Albrecht, p. 136.

le servaient, et qui faisaient entendre les sym-
phonies du monde des bienheureux. Plusieurs chroniqueurs ont consigné ce prodige, et l'anniversaire
de cette consécration devint une des grandes fêtes
de Hohenburg. Vers la fin du douzième siècle,
le prévôt de Truttenhausen chantait la première
messe de cette fête (1), et l'abbé d'Etival officiait à
la grand'messe (2). La chapelle de Saint-Jean-Baptiste fut chère à Odile jusqu'à sa mort. C'est là
que, cédant à une inspiration touchante, elle
déposa le plus précieux souvenir de son baptême,
les reliques que saint Erhard lui avait remises et
qui depuis ne l'avaient jamais abandonnée (3).
Un dépôt plus sacré devait être un jour confié à
cette chapelle.

Nous avons rencontré dans un des biographes
de sainte Odile des observations très-judicieuses
sur la perpétuité de la foi et des pratiques catholiques; c'est à l'occasion des chapelles de Hohenburg qu'il convient de les faire. Ces observations s'offrent d'elles-mêmes quand on parcourt
les chroniques antérieures de plusieurs siècles à
la Réforme. Nous ne sommes pas en pays étranger
en les lisant : les chroniqueurs ont respiré le

(1) Le 20 octobre.
(2) Albrecht, p, 219.
(3) Peltre, ap. Albrecht, p. 178.

même air que nous, l'air de la patrie de nos âmes, l'air de l'Eglise. Leur sainte Odile croyait ce que nous croyons, vénérait ce que nous vénérons, pratiquait ce que nous pratiquons. Depuis que l'Alsace est chrétienne, elle a attaché un respect particulier au lieu de nos prières, elle a cru aux rapports qui existent entre les anges et les hommes, elle a honoré et invoqué les saints, elle a témoigné une dévotion pleine d'amour à la sainte Vierge, elle a admis le purgatoire et ses peines temporelles, elle a prié pour les morts, elle a principalement mis au nombre des bonnes œuvres la prière, le jeûne et l'aumône.

Ce que nous retrouvons surtout avec bonheur, c'est la vénération qui entourait le nom de saint Pierre. Le premier oratoire de Hohenburg est dédié à saint Pierre par le duc Adalric; saint Pierre consacre la chapelle de Saint-Jean-Baptiste; saint Pierre sera un des principaux patrons de Murbach; saint Materne a attaché le nom de saint Pierre à l'église qui remplaça le temple de Teutatès à Novientum, et au plus ancien sanctuaire d'Argentorat. Nous pourrions citer d'autres églises et d'autres monastères. Le nom de saint Pierre est là comme le sceau sacré de l'Eglise de Rome, qui était pour l'Alsace primitive ce qu'elle est encore pour l'Alsace du dix-neuvième siècle, l'*Eglise Mère et Maî-*

tresse. Ils ferment les yeux à la lumière les historiens qui refusent de voir la primauté de Rome dans les siècles reculés ; elle est écrite partout dans l'histoire : le moine Augustin l'a écrite dans l'histoire de la conversion de l'Angleterre ; Boniface l'écrira en caractères ineffaçables dans l'histoire de la conversion de l'Allemagne ; Pepin et Charlemagne l'écriront dans l'histoire politique ; nous la trouvons écrite dans l'histoire de l'Alsace d'Adalric et de sainte Odile par le nom même de saint Pierre. Etait-ce en dédiant pieusement à saint Pierre la première chapelle de Hohenburg que le duc Adalric mérita de compter le grand pape saint Léon IX dans sa postérité ?

CHAPITRE X.

Odile se rendant à l'hospice au pied de la montagne. — Source miraculeuse. — Fondation du monastère de Niedermunster. — Les trois tilleuls. — Fondation du monastère de Saint-Étienne à Strasbourg. — Sainte Attale quitte Hohenburg.

Arrivé au point où nous sommes de la vie de sainte Odile, nous admirons cette étonnante activité jointe à cette grande puissance de contemplation. La vierge de Hohenburg fonde un monastère; elle réunit autour d'elle cent trente religieuses, la plupart de jeunes Germaines, qu'elle attire, qu'elle dirige, qu'elle soumet à Dieu et à la loi du monastère; elle triomphe de tous les instincts barbares de son père; elle domine ses frères et les dompte; elle donne à la piété de ses religieuses et à sa propre dévotion la poétique ceinture de chapelles de son couvent; pour que les infirmes et

les pauvres ne soient pas obligés d'arriver péni-
blement à elle, elle va au-devant d'eux et leur
offre, au pied de sa sainte montagne, l'hospice de
Saint-Nicolas. La part des pauvres était prélevée
régulièrement sur les ressources du couvent; elle
était souvent prélevée d'avance, nous l'avons vu,
et elle épuisait parfois les ressources. Depuis la
fondation de l'hospice de Saint-Nicolas, Odile,
malgré toutes ses fatigues, s'y rendait tous les
jours pour donner, avec l'aumône et les soins,
quelques-unes de ces paroles de sainte qui
étaient plus précieuses que l'aumône. Or, alors
comme aujourd'hui, la montagne était escarpée.
Douce vierge, la charité préparait-elle votre voie?
La pente devenait-elle moins escarpée sous vos
pieds? Y avait-il moins de pierres dans votre
chemin? Nous l'ignorons; mais le souvenir de votre
charité nous a fait rougir de nos fatigues et nous
a délassé doucement, pendant que, du vallon où
s'élevait votre hospice, nous allions, nous aussi,
à la hauteur qui portait votre monastère.

Odile avait coutume de choisir, non le chemin
le moins pénible, mais le sentier le plus court,
car l'heure presse toujours pour les saints. C'est
dans ce sentier, à mi-côte de la montagne, près
d'un rocher connu de tous les pèlerins, qu'elle
rencontra un jour un pauvre vieillard, étendu

sans mouvement : la chaleur était brûlante, et
le vieillard se mourait de soif et d'épuisement.
Odile se trouvait seule : sa voix ne pouvait arriver
ni jusqu'au monastère ni jusqu'à l'hospice, et la
sainte n'osait retourner sur ses pas de crainte que
le vieillard ne vînt à mourir pendant ce temps sans
être secouru. Emue de pitié, pleine d'angoisse, ne
pouvant autre chose, elle donna ce que donnèrent
Pierre et Jean à la porte du temple : après avoir
invoqué le nom de Dieu, se souvenant du rocher du
désert frappé par Moïse, elle leva le bâton qui la
soutenait et toucha le rocher devant lequel le vieillard était étendu. La pierre, cette fois encore plus
sensible que ne l'est souvent le cœur des hommes,
fit jaillir une source limpide, qu'Odile ne vit pas
sans une grande confusion de son humilité, mais
qu'elle bénit dans un transport de reconnaissance.
L'eau du rocher rendit la vie au vieillard qui put
être conduit à l'hospice, où les compagnes d'Odile
le soignèrent avec la vénération due à celui qui
avait été l'objet d'une faveur spéciale de Dieu. La
source, après avoir porté secours dans la détresse,
ne tarit point ; elle continua à couler, et elle coule
encore, en témoignage de la bonté de Dieu et de la
charité de sa servante. Quand les pèlerins voient la
source du rocher, son cristal semble plus pur que
celui d'une autre source ; quand ils l'entendent,

son bruit semble plus mystérieux ; quand ils boivent son eau, celle-ci semble désaltérer et fortifier avec une vertu particulière. Celui qui souffre des yeux ne peut passer outre : il reçoit un peu d'eau dans le creux de sa main et lave pieusement les yeux malades. La source a son histoire, une histoire séculaire de prodiges et de bienfaits.

Le service des pauvres à l'hospice de Saint-Nicolas devint de jour en jour plus important. Il occupait plusieurs religieuses. Une pensée qu'Odile peut-être avait depuis longtemps conçue, mais qu'elle hésitait à proposer, vint au cœur de ses compagnes : « Pourquoi, dirent-elles à l'abbesse, pourquoi n'établirions-nous pas ici notre demeure à côté de celle des pauvres ? Notre famille augmente ; les bâtiments de la montagne ne suffisent plus ; nos sœurs ne peuvent qu'avec beaucoup de peine se procurer l'eau de chaque jour. Ici l'eau abonde, le vallon est étroit et solitaire, et rien n'y pourra troubler notre retraite. » Aujourd'hui, quand on est assis sur les ruines de Niedermunster, l'âme remplie de cette mélancolie rêveuse que provoquent toutes les ruines, on se prend à bénir les compagnes d'Odile. Oui, ce délicieux vallon, qui est encore maintenant sans bruit, était une retraite pour la prière et le recueillement ; cette bordure de montagnes était une admirable enceinte de monastère. Cependant l'hésitation de l'abbesse ne fut, sans doute, pas aussitôt vaincue : elle se représentait tout ce qu'elle éprouverait de peine en séparant sa famille en deux communautés; elle songeait à la difficulté de maintenir l'union entre deux monastères aussi rapprochés l'un de l'autre. Si elle se rendit enfin au vœu de ses sœurs, c'est qu'elle comprit que le mouvement monastique irait toujours en augmentant et que bientôt Hohenburg ne pourrait plus y faire face. Quel jour l'abbesse vint-elle, suivie d'un grand nombre de ses compagnes, au chant des psaumes, désigner l'emplacement du nouveau monastère ? Quelle fut la durée des constructions ? Les chroniqueurs ne répondent pas. Il y eut un nombre considérable de cellules, et une église qui fut dédiée à la sainte Vierge; la forêt qui avait envahi le vallon recula pour faire place à l'enceinte du cloître. Quand les cellules furent prêtes, elles échurent à celles des religieuses de Hohenburg qui se sentaient le plus de vocation pour le soin des malades et des malheureux. — Ainsi surgissait autrefois un monastère. La Providence offrait une occasion quelconque : une nécessité d'abord secondaire se faisait sentir; elle en appelait une autre, puis on reconnaissait qu'il y avait place pour un couvent : le couvent s'établissait et se peuplait, et une institution destinée à traverser des siècles s'était formée comme d'elle-même.

Du fond du vallon, de leur nouvelle demeure qui devait prendre naturellement le nom de *Niedermunster*, les regards des religieuses se portaient souvent vers Hohenburg, comme le regard de celui qui a quitté la maison paternelle se porte du côté où elle se trouve. Cependant elles n'étaient point désolées, car la sainte abbesse leur restait. Odile sut se multiplier et diriger Niedermunster sans abandonner Hohenburg : elle eut le bonheur de voir les deux monastères prospérer l'un à l'égal de l'autre. Niedermunster, le monastère de la charité, devait avoir des temps de gloire. Avant de mourir, Odile assigna à chacun des deux couvents la part de son domaine. Elle leur laissa indivise la cour d'*Ehenheim*, pour leur rappeler leur origine commune et les inviter à rester unis entre eux comme ils avaient été unis dans le cœur de leur fondatrice (*). Le P. Peltre compare Ho-

(*) Que le texte actuel du *Testament de sainte Odile* soit authentique ou non, les principales dispositions du Testament sont authentiques. Ce n'est qu'à cette condition que le document a pu se faire accepter. D'après le texte du *Testament*, la cour d'Ehenheim devait être par indivis à la disposition de

henburg et Niedermunster à deux arbres qui montent séparément, mais qui sont sortis d'une même souche. De la souche partait une sève puissante, et les arbres montèrent pleins de vigueur.

Les chroniqueurs qui relatent la fondation de Niedermunster racontent tous le trait suivant, qui fait voir comment les saints comprenaient la nature et lui faisaient parler le langage de la foi. Nous traduisons le biographe anonyme cité par Mabillon. « Pendant que l'on construisait le couvent de Niedermunster, un homme se présenta à l'abbesse, portant dans sa main trois rameaux de tilleul : « Noble dame, dit-il, accepte ces trois rameaux, « plante-les dans cette terre; ils croîtront pour per- « pétuer ta mémoire. » « On fit des observations à Odile, et on lui recommanda de ne point planter les rameaux : on disait que les insectes malfaisants hantent les tilleuls. L'abbesse assura qu'il n'adviendrait aucun mal de la plantation des rameaux : elle fit ouvrir la terre en trois endroits, prit les branches l'une après l'autre et les planta, la première au nom du Père, la deuxième au nom du Fils, la troisième au nom du Saint-Esprit. Les rameaux

l'abbesse de Hohenburg et de celle de Niedermunster, afin qu'elles y siégeassent judiciairemet chacune à son tour aux jours fixés, soit pour conférer les bénéfices, soit pour régler les autres affaires tant publiques que privées.

ne tardèrent pas à pousser : ils devinrent de grands arbres, et ils étendent encore maintenant leurs branches, à l'ombre desquelles les servantes de Dieu trouvent un abri contre l'ardeur du soleil d'été (1). » O récits pleins de fraîcheur comme l'ombre des tilleuls de la Trinité à Niedermunster, les sages du monde peuvent vous dédaigner ; nous aimerons toujours à vous redire. « L'Eglise a connu des jours plus resplendissants et plus solennels, plus propres à exciter l'admiration des sages, la ferveur des âmes pieuses, l'inébranlable confiance de ses enfants. Mais je ne sais si jamais elle a exhalé un charme plus intime et plus pur qu'en ce printemps de la vie monastique (2). »

On ne peut déterminer l'année de la fondation de Niedermunster : le Père Peltre la place en 707 ; Grandidier indique l'année 700 ; d'autres historiens reculent cette fondation jusqu'aux dernières années de la vie de sainte Odile. Toujours savons-nous que, jusqu'à la fin de ses jours, la sainte fondatrice ne cessa de visiter assidûment Niedermunster. Elle n'allait jamais au monastère sans se rendre à l'hospice de Saint-Nicolas. L'hospice était son séjour favori : elle y paraissait plus

(1) Ap. Albrecht, p. 118.

(2) *Les Moines d'Occident*, t. II, p. 445.

heureuse qu'en tout autre lieu, et elle prolongait le temps de ses visites. Quand venait l'heure de retourner à Hohenbourg, Odile ne gravissait plus aussi aisément la montagne que lorsqu'elle était plus jeune, et le rocher qui bordait le chemin dut quelquefois lui servir d'appui. La tradition populaire croit même avoir découvert sur le rocher l'empreinte des doigts de la sainte. C'est ainsi que s'est traduite la vive impression faite sur l'esprit du peuple par la charité extraordinaire de la patronne de l'Alsace.

L'âge, les épreuves, les fatigues incessantes, les macérations continuelles affaiblirent le corps de la sainte; rien ne put atteindre la vigueur de son âme. Niedermunster s'élevait à peine qu'elle songeait déjà à de nouvelles fondations. Du haut de Hohenburg son regard et sa pensée se portaient sur les domaines de ses frères, et elle priait Dieu pour l'Alsace. Après la mort d'Adalric et de Berswinde, ses frères se sentaient attirés davantage vers leur sœur : ils la vénéraient, ils venaient entendre ses conseils, et Odile leur communiqua les desseins qu'elle méditait. Ils mirent tous tant de zèle à fonder des monastères, presque aussitôt après la mort de la sainte, que l'influence directe d'Odile ne peut être méconnue. Elle eut la consolation de voir surgir encore de son vivant, sur les ruines d'Argentorat, l'important monastère de Saint-Etienne. Il fut fondé en 717 par Adelbert, probablement le frère aîné d'Odile, celui qui signa le diplôme de Thierry III en faveur d'Ebersmunster, qui vint pleurer amèrement à Hohenburg la mort d'Adalric et de Berswinde, qui confia ses trois filles Attale, Eugénie et Gundelinde à sa sœur pour les donner ensuite à Dieu, qui mérita enfin d'être duc d'Alsace après Adalric. Lorsqu'il fallut préposer une religieuse au nouveau monastère, le choix tomba sur Attale, qui était déjà une sainte et qui devait être encore une abbesse illustre.

Nous avons en vain demandé aux chroniqueurs des renseignements sur les adieux d'Attale à Hohenburg, sur les recommandations que lui fit Odile, et sur toutes les bénédictions qu'elle lui donna. Ces adieux ne furent pas sans quelque trouble et sans une profonde émotion : Hohenbourg perdait une de ses plus aimables fleurs ; les religieuses, une de leurs compagnes les plus édifiantes ; Odile, une de ses plus douces consolations. «Ni la sainteté, ni la vie religieuse n'ont jamais exclu une affection légitime et pure. Il serait singulier que le christianisme, fondé sur l'amour de Dieu et des hommes, n'aboutît qu'à la sécheresse de l'âme à l'égard de tout ce qui n'est pas Dieu... Le détachement de soi-même, loin de diminuer l'amour, l'entretient et l'augmente.

Ce qui ruine l'amour, c'est l'égoïsme, ce n'est pas l'amour de Dieu; et il n'y eut jamais sur la terre d'ardeurs plus durables, plus pures, plus tendres que celles auxquelles les saints livraient leur cœur, à la fois dépouillé d'eux-mêmes et rempli de Dieu (*).

(*) Lacordaire, *Lettre à des jeunes gens.* Toulouse, 9 novembre 1852.

CHAPITRE XI.

Pendant qu'Odile élevait des chapelles à Hohenburg et construisait le monastère de Niedermunster, elle ne s'occupait pas avec moins de zèle de l'édifice spirituel des âmes, à l'intérieur de ses deux couvents : elle le développait, elle l'ornait, elle l'enrichissait sans cesse de toutes les vertus de la vie religieuse. Jean de Ruyr nous donne une exhortation de la sainte à ses compagnes, qui, si elle n'est pas authentique dans toutes ses expressions, répond à merveille à ces débris de la littérature monastique

où déborde l'enthousiasme du cloître; nous la re-
produisons dans la langue aimable et naïve du
pieux de Ruyr, qui est celle de saint François de
Sales. L'exhortation exprime l'idéal que poursui-
vait la fondatrice : toute l'ardeur et tout l'amour
de l'âme la plus tendre, la plus riche et la plus
élevée s'y épanchent avec effusion.

« Croyez-moi, mes sœurs, la vie solitaire est le
principal moyen de la perfection. C'est l'école du
ciel, l'apprentissage des vertus célestes, la discipline de Jésus-Christ, la doctrine des saints, la
philosophie des justes, l'artifice des prophètes,
l'assaisonnement du silence, la fleur de la chasteté,
la connaissance de soi-même, le miroir des pécheurs,
l'advis des pénitentes, l'indice des coulpes, le guide
de l'innocence, l'escorte des mondains, la pratique
de connaître Dieu, l'efficace de fuyr le monde, l'art
de mortifier la chair, de la soumettre à l'esprit, à
la vocation, à la loy de Dieu, aux supérieurs, à la
raison, et de la rendre obéissante à l'inspiration,
aux syndérèses, aux scrupules saints; la science
très-subtile pour retrouver la voye invisible par le
sentier le plus court, le plus expédient et le moins
sujet aux détours, pour finalement arriver à la
patrie bienheureuse du paradis.

« La solitude, dis-je, est un nouveau paradis
terrestre de toutes les délices agréables à Dieu,

aimées du ciel, délectables aux anges, recherchées
des bons et bien agoustées aux saints et aux justes,
auquel paradis naît la pomme très-précieuse de
vie, le fruit de la science de fuir le mal et de suivre
le bien ; où toujours respire l'aurore du Saint-Esprit, qui retient avec autorité le juste Adam......

« Considérez, mes sœurs, les villes et les bour-
gades esparses par la planure de l'Alsace, desquelles
ce rocher (notre habitation moderne) nous eslève
et rend supérieures au reste du monde ; mais ce
n'est assez ; traçons-nous la voye à la céleste montagne, où ni les cuisans rayons du soleil, ni les
aspres esguillons de la bize, ni les pluyes impor-
tunes, ni les froideurs d'hyver n'offensent et ne
troublent le printemps délicieux, qui durent éternellement en icelle. Cette montagne soit le but de
toutes nos affections, le centre de nos cogitations,
et les incommodités que l'âme indévote se représente en cette solitude nous deviendront plutôt à
souhait qu'à pénibles souffrances et souffreuses
austérités (*). »

(*) Antiquité de la Vosge, deux. part., lib. IV, chap. V. —
Jean de Ruyr était chanoine et chantre de l'insigne collégiale
de Saint-Dié. Son ouvrage, imprimé en 1625 et en 1633, est
utile et estimé. L'auteur était diligent et de bonne foi. Il nous
apprend plusieurs particularités des abbayes et des églises des
Vosges que nous ignorerions sans lui, ayant eu en main grand

La *montagne sainte* fut de plus en plus le but
de toutes les affections d'Odile; car les années de
l'abbesse avançaient. Les chroniqueurs emploient
de belles comparaisons pour exprimer ses progrès
dans les voies de la sainteté : « Elle montait, dit
l'un d'eux, et s'élevait bien haut comme le sapin
de la montagne. » Bien que le soin de ses deux
monastères dût l'accabler, elle allait de degré en
degré sur l'échelle mystique qui rapproche les
hommes de Dieu : elle conversait plus avec le ciel
qu'avec la terre. Sa charité fut toujours inépuisable
comme l'huile de la veuve dans l'Ecriture. Les
chroniqueurs insistent sur ses grandes mortifica-
tions. Indulgente envers les autres, Odile n'était
dure qu'à l'égard d'elle-même. Du pain d'orge
et de l'eau, avec quelques légumes, c'était, hors
les jours des plus grandes fêtes, toute la susten-
tation de sa vie. Elle consacrait la plus grande
partie de la nuit à la prière, à la lecture des saints
livres, à la contemplation des choses divines; elle
dormait fort peu : une peau d'ours étendue sur la
terre lui servait de lit; la tête de la sainte reposait
sur une pierre. Elle avait soin de cacher ces austé-

nombre de manuscrits qui ont été perdus depuis le malheur
des guerres. (Note de Grandidier, *Histoire de l'Eglise de Strasbourg*, t. Ier, p. 347).

rités pour éviter d'en être louée et pour ne pas
avoir l'air de vouloir les imposer à ses religieuses.

Odile avait plus de soixante ans. Grâce aux
années, aux veilles et aux macérations, son corps
était devenu extrêmement débile. Quand les religieuses la voyaient à certaines heures, absorbée
dans la contemplation, n'ayant plus rien de terrestre
que sa frêle enveloppe mortelle, elles devaient
comprendre que les liens qui l'attachaient encore
à ce monde étaient près de se rompre. Peut-être
vinrent-elles plus d'une fois verser des larmes
devant l'abbesse, et dire comme les disciples de
saint Martin : « Pourquoi, ô notre Mère, voulez-
vous nous quitter ? Quand vous ne serez plus ici,
qui est-ce qui prendra soin de nous ? » Le terme
du pèlerinage de leur mère devait cependant arriver. Il vint en effet, sans longue maladie et sans
violence : il ne fallait pas de grands efforts pour
dégager des liens d'ici-bas cette âme qui vivait
depuis longtemps plutôt de la vie des anges que
de celle des hommes.

Nous n'avons jamais mieux compris le beau texte
de l'Ecriture sur la mort des justes qu'au cimetière
d'un couvent. Nous lisions ce texte écrit en grandes
lettres sur le mur d'enceinte, et nous regardions
avec émotion les fleurs plantées sur la tombe de
quelques religieux. Ah ! comme à ce moment la

mort nous apparaissait douce, et comme la vie nous apparaissait radieuse au-delà du tombeau! Telle nous voyons maintenant la douce mort d'Odile et telle sa naissance à l'éternelle vie.

« Quand le seigneur voulut donner à sa servante la récompense après le labeur et la paix après le combat, Odile, sentant que sa dissolution était proche, se rendit à la chapelle de Saint-Jean-Baptiste. Elle y assembla ses religieuses, leur recommanda d'aimer Dieu et leur demanda des prières pour elle-même et pour les siens. Voulant ensuite être seule avec Dieu, elle leur dit de se retirer dans l'oratoire voisin pour y chanter les psaumes. Les religieuses, dociles à la volonté de l'abbesse, allèrent psalmodier. L'âme de la sainte se dégagea presque aussitôt de son corps, et il se répandit à l'instant même un parfum délicieux qui arriva jusqu'aux religieuses. Dès que le chant des psaumes fut terminé, celles-ci se hâtèrent de retourner à la chapelle de Saint-Jean-Baptiste. Voyant leur mère spirituelle sans vie, elles furent consternées et elles s'affligèrent d'autant plus vivement que l'abbesse, avant de mourir, n'avait pu être munie du saint Viatique. Dans leur désolation extrême, elles supplièrent Dieu de tout leur cœur et avec des torrents de larmes qu'il daignât commander à ses anges, qui avaient reçu l'âme de l'abbesse, de la ramener dans

son corps. Elles priaient encore que déjà le prodige s'était opéré et que l'âme était revenue. La
sainte put s'asseoir, et, s'adressant à ses sœurs, elle
leur dit : « Chères mères et chères sœurs, pourquoi
« m'avez-vous troublée? pourquoi imposer de nou-
« veau à mon âme le poids du corps qu'il avait
« quitté? J'étais, par la grâce de Dieu, en la com-
« pagnie de la vierge Lucie, et les délices dont je
« jouissais étaient si grandes que ni la langue ne
« les saurait raconter, ni l'oreille les entendre, ni
« l'œil humain les contempler. » Les religieuses,
s'excusant d'avoir troublé la béatitude de l'abbesse,
répondirent qu'elles avaient adressé leurs supplications à Dieu pour ne pas être coupables d'avoir
laissé mourir leur mère sans le secours du saint
Viatique. On apporta alors le calice où le Saint-
Sacrement était conservé : l'abbesse, le tenant de
ses propres mains, communia (1), et, bientôt après,
elle expira doucement en présence de toutes les
religieuses. Le calice qui servit au Viatique d'Odile
fut précieusement conservé à Hohenbourg, en
mémoire de cette fin bienheureuse (2). »

(1) Le chapitre XI du synode de Tolède, en 675, permettait
aux malades, dans certains cas, de ne recevoir que le calice. —
Les laïques, même les femmes, pouvaient primitivement recevoir
le calice dans leurs mains.

(2) Ap. Albrecht, p. 123. — Le chroniqueur que nous avons

Tel est le simple et pieux récit de la mort de
sainte Odile, arrivée le 13 décembre de l'année
720 ou 721 (1). Ce que les religieuses et les chro
niqueurs ont considéré comme une première mort
n'était, sans doute, qu'une extase dans laquelle
Odile, méditant la mort de sainte Lucie, martyrisée
le 13 décembre, vit tout-à-coup la vierge martyre
dans sa gloire : « On ne doit pas s'étonner, remarque
un chroniqueur, qu'Odile ait été admise en la com-
pagnie de sainte Lucie : il est vrai qu'elle n'a pas
terminé ses jours par le martyre ; mais la manière
dont elle mortifia sa chair permet de croire qu'elle
se serait volontiers livrée au glaive, si quelque
tyran avait demandé sa tête. »

Comment décrire la première désolation de Hohenburg et de Niedermunster, les lamentations du
pauvre peuple, les regrets et les louanges de tous
ceux qui accoururent en foule pour contempler une
dernière fois les traits vénérés et bénis de la *chère
sainte?* La peau d'ours devint le lit funèbre d'Odile.
Son corps resta exposé pendant huit jours et con-

traduit est le plus ancien de ceux qui rapportent la mort de la
patronne de l'Alsace. Il ignore le miracle de la communion de
sainte Odile par le ministère d'un ange. Nous avons cru devoir
préférer son récit.

(1) Cette date de la mort de sainte Odile est, sinon certaine,
du moins très-probable.

tinua à répandre le plus suave parfum. Les ob-
sèques furent solennelles, à la fois pleines de larmes
et pleines de joie : pleines de larmes, car la meilleure des mères était enlevée aux religieuses et
aux malheureux ; pleines de joie, car une grande
sainte était donnée au ciel. Les précieuses dépouilles de la défunte, enveloppées d'un mastic
susceptible de se durcir (*), furent enfin déposées
dans l'oratoire qu'elle avait le plus aimé, dans la
chapelle de Saint-Jean-Baptiste, du côté droit, devant l'autel. Et dès ce jour commença le culte
populaire de la patronne de l'Alsace, culte que
l'Eglise ratifia ensuite parce que Dieu lui-même
le ratifia, en opérant des miracles sans nombre.

Hohenburg sera désormais la sainte montagne.
Charlemagne sera le premier pèlerin couronné qui
visitera la tombe d'Odile ; Louis-le-Débonnaire
s'agenouillera deux fois dans la chapelle de Saint-
Jean-Baptiste ; l'impératrice Richarde ira demander au souvenir et à l'intercession de son aïeule
de saintes inspirations ; saint Henri suivra pieusement l'exemple de Charlemagne ; puis viendra le
pape saint Léon IX, issu du sang d'Adalric : il

(*) Dans le but de conserver les corps, on les couvrait d'un
ciment ou d'une espèce de terre glaise qui interceptait l'air. Ce
mode se retrouve dans le nord et dans le centre de la France,
aux époques mérovingienne et carlovingienne.

visitera tous les sanctuaires élevés par ses ancêtres;
mais ses regards se porteront avec plus d'amour
vers la hauteur d'où les bénédictions de Dieu
sont descendues sur sa famille : il restaurera Hohenburg en ruines; il signera d'une main pieuse
une charte qui sera un des principaux documents
de l'histoire que nous écrivons. Les annales de
Hohenburg enregistreront encore, au douzième
siècle, la visite de Frédéric Barberousse, de Richard-
Cœur-de-Lion, de Sybille d'Apulie, veuve de Tancrède; au quatorzième siècle, celle de l'empereur
Charles IV; au quinzième siècle, celle de Chris-
tiern Ier, roi de Danemark. On ne peut compter
les évêques, les princes, les hommes illustres qui,
pendant onze siècles, le bâton de pèlerin à la main
et la prière sur les lèvres, suivront l'exemple d'un
pape, de plusieurs empereurs et de plusieurs rois.

Qu'on juge de la vénération qui s'attacha au
nom de sainte Odile ! La légende, qui était la poésie
du moyen-âge, ne connut pas de nom plus cher
sur les deux rives du Rhin. Les hymnes, les cantiques, les litanies vinrent après la légende; et
l'office de l'Eglise vint avec les hymnes, les cantiques et les litanies.

Si l'office de l'Eglise est la glorification la plus
haute des saints, le pèlerinage est leur glorification
la plus expressive. Le panégyriste de sainte Ida,

au dixième siècle, parle de la foule des infirmes
qui allaient en ce temps demander leur guérison à
Hohenburg. L'affluence des pèlerins auprès des
reliques de sainte Odile n'a été arrêtée, depuis tant
de siècles, ni par les malheurs de Hohenburg, ni
par les troubles de l'Alsace, ni par les désastres
de l'incendie, ni par les dévastations de la guerre.
Il n'est pas une pierre de la montagne que n'ait
touchée le pied d'un pèlerin ; il n'est pas un écho
des alentours qui n'ait redit un cantique pieux
en l'honneur de la sainte fille d'Adalric. Comme
au temps du panégyriste de sainte Ida, ceux qui
souffrent et ceux qui pleurent connaissent encore
aujourd'hui tous les chemins qui conduisent au
mont Sainte-Odile.

Nous dirons bientôt les vicissitudes de l'histoire
de Hohenburg. Par une disposition spéciale de la
Providence, les reliques de sainte Odile échappèrent
à tous les sinistres qui atteignirent le monastère.
Celui-ci fut plusieurs fois dévasté et réduit en
cendres ; la tombe de sainte Eugénie, placée en
face de celle de sainte Odile, fut violée : on ne
toucha pas aux reliques de la patronne de l'Alsace.
Jusqu'à la grande Révolution on n'ouvrit qu'une
seule fois le sarcophage qui les renfermait : en
1354, l'empereur Charles IV en fit retirer, en présence des évêques de Strasbourg et d'Olmütz, la

partie antérieure du bras droit ; il confia ce précieux
trésor à la cathédrale de Prague. Le 14 août 1794,
un agent du pouvoir tenta ce que n'avaient fait
ni les Huns, ni les bandes fanatiques de Mansfeld.
Le sarcophage fut brisé, mais la protection invisible qui avait arrêté les Huns, arrêta aussi l'agent
révolutionnaire : il n'osa porter sa main sacrilége
sur les reliques, qui, peu après, furent enlevées
secrètement et mises en lieu sûr. Elles ont été
rendues depuis longtemps à la chapelle de Saint-
Jean-Baptiste, devenue la chapelle de Sainte-Odile.

On ne peut voir les reliques de la sainte, dans
leur élégante châsse gothique, sans une profonde
émotion. O beauté, ô puissance, ô grandeur de la
sainteté ! Comme l'âme, brisée par les douleurs et
les amères déceptions de la vie, retrouve le calme
devant ces ossements ! comme elle se relève au milieu
de ces souvenirs ! comme elle devient forte en présence de cette noble figure ! Voilà donc comment
la Providence prépare les destinées d'une âme,
d'une famille, d'une province ; voilà la beauté sans
l'éclat qui trompe, et voilà la grandeur sans le
bruit qui passe ; voilà la puissance de l'humilité,
de la charité, du sacrifice, la puissance née au
Calvaire ! Vierge de Hohenburg, les générations
ont eu raison d'aimer ton nom et d'admirer ta vie :
notre âme s'abandonne à la contemplation devant

tes reliques, et ton image nous apparaît si belle,
si pure, si humble, si sublime! Nous te voyons à
l'heure solennelle où saint Erhard te donne l'onc-
tion sainte, où Dieu te donne la vue; nous te
voyons entre Adalric repentant et Berswinde con-
solée, entre l'humble Roswinde et tes généreux
frères; nous te voyons allant au lépreux de la
porte de Hohenburg, désaltérant avec l'eau du
prodige le vieillard épuisé, soignant le corps et
consolant l'âme des infirmes de Niedermunster; nous
te voyons au milieu de ta grande famille spirituelle,
où apparaissent au premier rang Attale, Eugénie
et Gundelinde; nous te voyons au moment où, la
face transfigurée, le regard au ciel, tu indiques à
tes compagnes la voie qui conduit à la montagne
céleste; nous te voyons évoquant de notre fécond
sol alsacien toute une austère et ardente milice de
religieux et de religieuses; nous te voyons à la
tête d'une glorieuse phalange de saints et de saintes,
dont l'un a porté la tiare et d'autres la couronne;
nous te voyons entourée de l'innombrable multitude
de ceux qui accourent à ta montagne prédestinée;
nous te voyons le refuge, le modèle et la gloire de
l'Alsace; nous te voyons ainsi onze siècles après
ta mort, et notre patriotisme te bénit, et notre
foi t'invoque!

CHAPITRE XII.

L'histoire que nous avons écrite serait incomplète si elle ne faisait connaître les destinées de la sœur de sainte Odile, de ses trois nièces, de ses frères, de sa famille, des deux monastères de Hohenburg et de Niedermunster; elle serait incomplète, disons-nous, et découronnée.

Nous avons déjà rapporté le peu que l'on sait de sainte Roswinde. Elle ne voulut pas, elle n'eut pas de gloire terrestre. Hohenburg qui connut sa sainteté et le peuple qui vit sa charité, conservèrent

son nom : à l'exception d'une ancienne litanie de
Strasbourg, il ne fut écrit nulle part qu'au Livre
de vie. Les restes de Roswinde ont été ensevelis
dans la chapelle de Saint-Pierre et Saint-Paul.

Attale, élue contre son gré abbesse de Saint-
Etienne, gouverna ce monastère pendant plus de
vingt ans. Devant être la supérieure de ses trente
compagnes, elle s'efforçait de devenir leur servante.
Sa vie reproduit la vie de sainte Odile : sa prière
était ardente, son jeûne continuel, sa charité sans
bornes. Saint-Etienne avait la règle de Hohenburg : Attale l'enseignait principalement par son
exemple, et elle apprenait elle-même aux religieuses à lire les saints livres et à chanter l'office
divin. Son monastère était le refuge des malheureux ; les pèlerins le connaissaient comme ils
connaissaient Hohenburg. Dieu départit à Attale
les épreuves et les enseignements de la mort : elle
rendit pieusement les derniers devoirs à sa mère,
à son père blessé à mort par un de ses serviteurs,
à Bathilde, que le duc Adelbert avait épousée en
secondes noces. Si elle n'avait été une sainte, elle
eût été inconsolable aux funérailles de sa tante.
Sa fin différa de celle de sainte Odile en ce qu'elle
fut précédée d'une maladie longue et douloureuse.
Quand l'heure de la délivrance approcha enfin,
Attale salua la mort avec bonheur, reçut le saint

Viatique, demanda des prières à ses religieuses, et entra bientôt dans l'éternelle joie. Le Seigneur et sa divine Mère, accompagnés d'un nombreux chœur d'anges, daignèrent apparaître visiblement au moment où la sainte rendit le dernier soupir. Ce fut en l'année 741.

La douleur et la vénération du peuple et des religieuses exigèrent que le corps de sainte Attale restât exposé pendant cinq semaines. Or, la pieuse Werentrude gouvernait en ce temps Hohenburg. Elle avait été liée d'une tendre amitié avec l'abbesse de Saint-Étienne. Quand elle sut qu'Attale était morte, elle ne put se résigner à ne plus rien voir de celle qu'elle avait tant aimée, et elle eut un grand désir de posséder quelque relique de la défunte : Werentrude ignorait moins que tout le monde qu'Attale avait été une sainte. Elle choisit un homme habile et résolu, du nom de Wernher, auquel elle confia une mission que l'on pardonne volontiers à l'ardente amitié de Werentrude. Wernher partit pour Strasbourg, et pénétra pendant la nuit dans l'église de Saint-Étienne. S'étant approché sans bruit du corps d'Attale et l'ayant découvert avec respect, il vit la sainte lui présenter la main droite : il frémit; mais, se croyant invité par la sainte elle-même, il n'hésita point et sépara la main du bras;

il recouvrit ensuite le corps de l'abbesse, prit la
main qu'il avait détachée, et eut hâte de s'éloigner.
Il marcha rapidement, marcha longtemps, entendit
enfin le signal de matines, crut être arrivé à Hohenburg, entra à l'église qui se présentait devant
lui, vit les religieuses assemblées pour l'office,
poussa un cri de triomphe, et montra la main
d'Attale qu'il apportait. Les religieuses témoignèrent
d'abord leur surprise et bientôt leur indignation.
Les yeux de Wernher se désillèrent: il reconnut
les religieuses et l'église de Saint-Etienne, où une
main invisible l'avait ramené. Il raconta en toute
sincérité ce qui s'était passé. On traita avec in-
dulgence la pieuse fraude de Werentrude, et on
accorda à l'abbesse le pouce de cette main qui avait
bien été retranchée du bras de sainte Attale, mais
qu'on n'avait pu éloigner de Saint-Etienne.

Sainte Eugénie est celle des trois filles du duc
Adelbert dont le nom est le plus souvent associé
à celui de sainte Odile. Quelques auteurs affirment
que ce fut elle qui vit la clarté resplendissante
lors de l'apparition de saint Jean-Baptiste; ils
pensent aussi qu'elle pria et jeûna avec sa tante
pour la délivrance de l'âme d'Adalric. Odile, qui
l'avait admise dans le secret des communica-
tions du Ciel, lui confia, avant de mourir, son
œuvre la plus chère, et la désigna comme abbesse

de Hohenburg. C'est le meilleur éloge de la
grande sainteté d'Eugénie. La nouvelle abbesse
signa, avec ses frères Luitfrid et Eberhard, une
charte en faveur du monastère de Honau. Elle
mourut, comblée de mérites plus que d'années, le
16 septembre 735. Hohenburg, qui n'avait pas séparé
Odile et Eugénie dans sa vénération et dans son
amour, n'éloigna pas leurs tombes l'une de l'autre :
celle d'Eugénie se trouva en face de celle d'Odile
à la chapelle de saint Jean-Baptiste. Les bandes
de Mansfeld brisèrent le cercueil de sainte Eugénie
en 1622 : les reliques furent enlevées, mais une
terreur subite s'empara des profanateurs, et ils
durent les remettre à leur place (*). Cependant,
dix années plus tard, il y eut de nouvelles dévastations, et la plus grande partie du corps de la
sainte disparut à jamais. En jetant les reliques au
vent, les profanateurs voulaient atteindre la mémoire et le culte des saints : cette mémoire et ce
culte sont heureusement à l'abri du fer et du feu.

Gundelinde est un de ces noms d'autrefois qu'on
aime à prononcer, et qui réveillent je ne sais quels
souvenirs et quels rêves. La troisième nièce de
sainte Odile était digne de ses sœurs et de sa tante.

(*) Litteræ. R. D. Pauli comitis Aldringer, Episcopi Tripo-
litani, suffrag. argent., ap. Albrecht, Repertorium Probat., p. 13.

Odile avait appelé à Niedermunster les religieuses qui aimaient plus particulièrement la société de ceux qui souffrent : Gundelinde leur fut préposée ; Gundelinde était donc un ange de charité. Elle fut remplacée après sa mort par la charitable et pieuse Eimhilde. Niedermunster reconnaissant plaça plus tard les restes des deux saintes abbesses au deux côtés de son maître-autel, dans des châsses d'argent, pour que leur mémoire fût à jamais présente. Le monastère honora Gundelinde comme sa seconde fondatrice et l'invoqua comme sa patronne 1'. Des reliques de sainte Gundelinde parvinrent jusqu'à Notre-Dame-des-Ermites en Suisse.

Les frères de sainte Odile n'ont pas été mis par l'Eglise au rang des saints, mais ils se sont voués à de saintes entreprises. Leur bienheureuse sœur « les avait gagnés si bien au joug du Seigneur qu'eux et leurs enfants se mirent généreusement à construire et à doter des monastères (2). »

(1) « On voit par le diplôme que l'empereur saint Henri accorda en 1017 à l'abbaye de Niedermunster, que l'église de l'abbaye était alors dédiée en l'honneur de la sainte Vierge et de sainte Gundelinde. » (Grandidier, *Histoire de l'Eglise de Strasbourg*, t. Ier, p. 561).

(2) Auctor coævus, ap. Grandidier, *Histoire de l'Eglise de Strasbourg*, t. Ier, P. just., no 22.

Adelbert, qui était devenu duc d'Alsace après
la mort de son père Adalric et qui avait fixé sa
résidence à Strasbourg, montra le plus grand zèle
Une charte datée du palais de Kœnigshoven, qu'il
avait restauré, constate ses libéralités envers la
colonie de religieux écossais établie près de Strasbourg, dans l'île du Rhin appelée Honau. C'est
grâce aux donations d'Adelbert et à celles de ses
fils et de ses neveux que Honau se développa rapidement, et put à son tour envoyer au loin des
colonies nombreuses, qui portèrent les bienfaits
monastiques à diverses contrées. La charte d'Adelbert révèle son âme pieuse : il donne parce qu'il
songe devant Dieu à son âme, parce qu'il *espère la
rétribution dans l'éternité* (*).

Nous savons déjà que c'est le duc Adelbert qui
a construit le couvent de Saint-Etienne, sur les
ruines de l'ancien Argentorat, aux bords de la
Bruche. La transformation de Hohenburg lui fit,
sans doute, choisir cet emplacement pour y opérer
une transformation semblable : « A partir de l'é-
poque celtique jusqu'à nos jours, cet angle formé
par le confluent de deux bras de l'Ill a eu un sort
spécial. Couvert primitivement d'un bosquet sacré,
où se consommaient sans doute de sanglants sacri-

(*) Ap. Grand., ib., t. Ier, Pr. just., n° 31.

fices druidiques, fortifié dès les premiers siècles de notre ère par les légions romaines, château-résidence de l'état-major de la huitième légion, ensuite palais du comte d'Argentorat, enfin surbâti par une abbaye mérovingienne, ce mémorable coin de terre a toujours subi chez nous, l'un des premiers, tous les contre-coups des révolutions sociales et religieuses qui, depuis dix-neuf siècles bientôt, se sont succédé dans la vallée alsatique (*).»

Le duc Adelbert eut trois fils : Luitfrid, qui hérita du duché d'Alsace, le comte Eberhard et le comte Mason. L'histoire de notre province les désigne tous les trois comme de fervents promoteurs du mouvement religieux. Luitfrid fit des donations considérables à l'abbaye de Wissembourg, et céda au monastère de Honau ce qu'il possédait dans l'île, en même temps que d'autres terres allodiales. Le comte Eberhard s'est illustré par la fondation de l'abbaye de Murbach. Il accueillit, vers l'an 726, l'apôtre des bords du Rhin, saint Pirmin, que Théobald, le duc des Alémans, avait forcé de quitter Reichenau. L'évêque fugitif et le petit-fils d'Adalric songèrent à une grande œuvre, en élevant Murbach dans un des plus pittoresques, mais alors un des

(*) M. L. Spach, *Lettres sur les Archives départementales du Bas-Rhin*, p. 396.

plus sauvages vallons des Vosges. Le roi Thierry
IV confirma la fondation d'Eberhard, et le duc
Luitfrid l'approuva; l'évêque de Strasbourg, Widegern, signa en plein synode les priviléges qu'il
accorda au nouveau monastère et voulut consacrer
lui-même son église. Murbach, qui devait être la
gloire d'Eberhard après sa mort, fut sa consolation
durant sa vie; car le noble comte alla de douleur
en douleur: il perdit son fils unique et devint ensuite aveugle. Une charte célèbre, la plus touchante de celles qui concernent les couvents d'Alsace, nous a transmis les sentiments de son âme
généreuse et pleine de foi sous le coup de l'épreuve:
*la Miséricorde divine a privé Eberhard de la lumière
naturelle, mais elle lui a donné en retour la lumière
surnaturelle; le comte a perdu son unique héritier,
son héritage appartiendra à l'Eglise et à ceux qui,
pour l'amour de Dieu, sont devenus volontairement
pauvres.* — D'anciennes traditions de Murbach
revêtent Eberhard de la coule, et le font mourir
saintement comme religieux du monastère qu'il a
offert à Dieu. Toujours est-il que le comte voulut
dormir le sommeil des morts à l'ombre du cloître.

Mason fonda aussi un monastère qui devait traverser des siècles, presque à l'extrémité de l'Alsace,
à l'entrée de la riante vallée de Massevaux, à laquelle le comte donna son nom. La légende alsa-

cienne n'a rien de plus émouvant que le drame qui prépare la fondation de cette abbaye. Mason avait son château sur le *Ringelstein* (1), une de ces roches étranges devant lesquelles le voyageur s'arrête pour interroger leur passé. Dans le mystère d'une sombre nuit, Odile, la tante vénérée, apparaît au comte, environnée de lumière, sévère et douce à la fois, messagère de la justice et de la miséricorde de Dieu : elle annonce à Mason l'extinction prochaine de sa famille, et lui apporte des consolations qui ne sont pas de cette terre. A peu de temps de la vision, le fils unique de Mason, âgé de sept ans, se noie dans l'*Olruna*, aujourd'hui la Doller, qui coule au pied du Ringelstein. Le père inconsolable songe à imiter son frère Eberhard. Pendant qu'il erre dans la forêt du vallon, livré tantôt à sa douleur, tantôt à ses pieux projets, il aperçoit un cerf qui porte une croix entre ses perches et qui de son pied creuse la terre (2). Mason reconnaît le signe de Dieu. Il fera construire à l'endroit où s'est montré le cerf un monastère de femmes, d'après le modèle de Hohen-

(1) Schlossfels.

(2) Et antiquis documentis abbatiæ. — D'après un mémoire présenté à Sa Majesté très-chrétienne par les dames chanoinesses, le cerf aurait indiqué le lieu de la sépulture du fils de Mason, et Mason aurait pris à Rome l'habit de saint Benoît.

burg et de Saint-Etienne. Quand le monastère sera élevé, Mason et la comtesse son épouse diront adieu au séjour qui ne leur offre que des souvenirs de deuil; ils suivront la voie que suivent tant d'étrangers qui traversent l'Alsace : ils iront à Rome, et le terme de cette pérégrination sera aussi le terme de leur pèlerinage terrestre.

Le nom du deuxième frère de sainte Odile, du comte Etichon, se rencontre moins souvent, dans l'histoire des monastères d'Alsace, que le nom du duc Adelbert. Le même esprit animait cependant les deux frères. Heddon, un des fils d'Etichon, se fit moine. D'abord religieux à l'abbaye du val de Saint-Grégoire, il fut ensuite le disciple de prédilection de saint Pirmin, qui lui communiqua son zèle apostolique, et lui confia, en quittant Reichenau, la conduite de ce monastère naissant. Charles Martel appela Heddon à Strasbourg, et le moine énergique devint un éminent évêque. Il occupa le siège épiscopal pendant quarante-deux ans, prit part au concile de Germanie et au synode de Leptines, eut le deuxième rang au concile d'Attigny, créa sept archidiacres pour l'aider à soutenir le poids de son vaste diocèse, combattit avec succès la simonie, donna au clergé de sa cathédrale la règle de saint Chrodegand, et établit enfin dans cette même cathédrale l'école qui devint plus tard si célèbre. Au milieu de toutes ces entreprises, l'ancien moine du val de Saint-Grégoire et de Reichenau n'oublia jamais les monastères : il fut leur protecteur dévoué ; il accorda à l'abbaye de Schwartzach de grands priviléges qu'il signa solennellement, et que neuf évêques signèrent avec lui. Dès la première année de son épiscopat, il avait restauré Ettenheimmunster, fondé par l'évêque Widegern : il dédia à la Sainte Vierge l'église du couvent construite par ses soins, et y déposa les reliques du martyr saint Landelin ; en 763, il dota richement le monastère. Le grand évêque, que Charlemagne honorait, choisit au chœur de l'église d'Ettenheimmunster le lieu de sa sépulture, pour mieux s'assurer les prières des moines.

L'esprit de sainte Odile devait survivre principalement dans les descendants de son frère Hugues, enlevé par une mort prématurée à tout ce que sa sœur pouvait attendre de sa pieuse générosité. Le monastère du val de Saint-Grégoire a eu peu d'abbés plus pieux que Remi, le fils du comte Hugues, et le siége épiscopal de Strasbourg compte peu d'évêques plus saints. Evêque et neveu de sainte Odile, Remi pouvait-il ne pas devenir fondateur de monastère ? Il choisit la petite île d'Eschau, à deux lieues de Strasbourg, pour y établir un couvent de femmes, auquel il donna tout, des cellules, une église, des biens et des reliques. Un couvent ne pouvait être sans reliques. Ettenheimmunster possédait les restes mortels de saint Landelin ; Ebersmunster, des reliques de la légion Thébéenne ; Hohenburg, la cassette que saint Erhard remit à Odile : par les soins de son fondateur, Eschau obtint les corps de sainte Sophie et de ses trois saintes filles, Foi, Espérance et Charité. L'évêque Remi était pénétré d'une grande dévotion envers la Sainte Vierge qu'il appelait sa *douce* et *gracieuse Dame* : il l'institua son héritière, et c'est à elle qu'il fit donation, dans les termes les plus tendres, de son monastère d'Eschau (*). Nous connaissons deux nièces de saint Remi, Adale et Rodune, filles de son frère Bodale. L'exemple de sainte Odile les entraîna : brûlant de la même flamme, elles entrèrent ensemble à Eschau, furent également pures et également pieuses, méritèrent de devenir abbesses l'une après l'autre, et moururent à Eschau en odeur de sainteté. Comme Adalric et Odile, comme le duc Adelbert et le comte Eberhard, comme l'évêque Heddon, Remi voulut prendre son repos suprême dans l'asile de la prière et fit construire lui-même son tombeau à Eschau.

(*) Testamentum Remigii, ap. Graudidier, *Hist. de l'Eglise de Strasbourg,* t. II, pièces justif., n° 73, p. CXXX.

Reste le quatrième frère de sainte Odile, le comte Bathacon, celui qui est le moins connu des chroniqueurs. Son fils, le comte Boronus fit don à l'abbaye de Wissembourg d'une dixaine de villas, qu'il avait héritées de son père et qui étaient situées dans le *pagus* d'Alsace. S'il est vrai que le comte Boronus est le même que le comte Beron, c'est à lui qu'il faut rapporter la fondation de *Beronsmunster* en Ergau. D'après les traditions locales, Bathacon aurait commencé la construction de cet important monastère, et le fils aurait achevé l'œuvre du père.

Ainsi traditions et chroniqueurs, tout s'accorde pour confirmer les paroles du biographe contemporain de sainte Odile. Les frères et les neveux de la sainte fondèrent et dotèrent les couvents. Ils croyaient ne pouvoir mieux servir Dieu, et en même temps ils n'auraient pu mieux servir l'Alsace, sa foi, sa civilisation, sa gloire. Grandidier ajoute qu'ils ont même servi l'histoire. « Les véritables sources de l'histoire de France sous les rois de la première race se trouvent dans les titres des anciens chapitres et monastères d'Alsace. »

Nous n'avons parlé que des frères et des neveux de sainte Odile. La fondation des monastères resta, pendant plusieurs siècles, une tradition de famille dans la nombreuse et illustre postérité du duc

Adalric. Si nous voulions énumérer tous les monastères qui font remonter leur origine à la famille de sainte Odile, nous serions obligé d'aller
bien au-delà des frontières de l'Alsace; en Alsace
on ne peut guère parcourir un trajet de plusieurs
lieues sans rencontrer des ruines, des débris, des
souvenirs monastiques auxquels s'attache quelque
nom glorieux de l'arbre généalogique qui est
parti d'Ehenheim et de Hohenburg.

Cet arbre généalogique rappelle les bénédictions
promises en termes magnifiques, dans l'ancienne
Loi, aux races qui sont fidèles à Dieu. Il a été
dressé au prix de prodigieux efforts d'érudition dans
les deux derniers siècles. Il est vraiment immense.
On en voit sortir successivement, par le comte
Etichon, la maison de Lorraine, et, par le duc
Adelbert, les maisons de Habsbourg, de Bade, et
la troisième dynastie des rois de France. Un prêtre
du diocèse de Strasbourg (*) a réuni, dans un
tableau remarquable, les plus saintes figures de la
postérité d'Adalric autour de la figure majestueuse
du duc d'Alsace, et il a groupé ensuite les principaux noms des diverses lignées dont Adalric est
le père. « Quand on considère, en parcourant ce
tableau, les progrès des descendants d'Adalric,

(*) Le chanoine Eck, de vénérée mémoire.

l'agrandissement de siècle en siècle de leurs états, et qu'on les voit, d'abord ducs ou comtes d'une simple province, occuper ensuite les premiers trônes de l'Europe, et balancer par leur puissance les destins de toutes les autres nations, leur tableau généalogique paraît présenter l'image de ces grands fleuves de l'univers, l'Euphrate, le Gange, la rivière des Amazones, qui, faibles au sortir de leur source, s'accroissent toujours dans leur cours, parcourent une partie du globe, et se partageant en plusieurs branches, portent dans les vastes campagnes qu'ils arrosent, les richesses, le commerce et la fécondité (*). »

Dans cette innombrable famille, les biographes ont signalé les noms qu'entoure l'auréole de la sainteté. Ils citent, tout près de sainte Odile, saint Léger et sainte Hunna; puis, Roswinde, Attale, Eugénie, Gundelinde, l'évêque Remi et sainte Rodune; plus loin, saint Léon IX, l'empereur saint Henri, le roi Sigebert d'Austrasie et saint Louis, roi de France; les évêques Norbert de Magdebourg, Hermann de Cologne, Rupert de Saltzbourg, Albert de Liège; ensuite, saint Léopold d'Autriche, Bernard, margrave de Bade, Casimir, fils du roi de

(*) Rapport de Messieurs de Puymaurin, James et Dumas, ap. Grandidier, *Hist. de l'Egl. de Strasb*, t. II, introd., p. XVIII.

Pologne; enfin l'impératrice Richarde, la fondatrice d'Andlau, Hedwige de Pologne, et Elisabeth de Hongrie. Telle est l'incomparable couronne dont l'histoire a ceint l'humble front de sainte Odile d'Alsace.

CHAPITRE XIII.

Nous venons de dire les vertus, les destinées, la gloire de la famille à laquelle Odile appartenait selon la chair; quel fut le sort de la famille spirituelle de la sainte? Que devinrent Hohenburg et Niedermunster? — L'histoire de nos anciens monastères est pleine d'intérêt. Pour peu qu'un monastère ait été important, ses annales reproduisent tout le mouvement d'un pays ou d'une province. La durée des monastères étonne, et c'est là leur plus imposante justification, en présence de l'extrême caducité de toutes les associations tentées en dehors de l'Eglise ou de l'inspiration religieuse : aux années d'essai de ces associations, les monastères opposent des siècles d'existence.

L'œuvre de sainte Odile demeura jusqu'au seizième siècle. A considérer tous les désastres qui atteignirent Hohenburg, cette existence presque neuf fois séculaire tient du prodige. Qu'on en juge par une simple énumération des événements malheureux que les annales de Hohenburg ont dû enregistrer.

Dans l'anarchie de la fin du neuvième siècle, une partie des biens de Hohenburg devient la proie des hommes d'épée.

Au dixième siècle, incursion des Hongrois en Alsace. Ils dévastent et ruinent Hohenburg.

Dans la première moitié du onzième siècle, guerre entre Adelbert d'Alsace et Godefroi de Lorraine. Les troupes du dernier assaillent Hohenburg, dont l'église est incendiée.

Au douzième siècle, spoliation de droits considérables du monastère par Frédéric II, duc de Souabe et d'Alsace.

Au treizième siècle, nouvelles usurpations.

Le quatorzième siècle, comme tous les autres, a son contingent de malheurs.

En 1444, les Armagnacs menacent Hohenburg et mettent l'abbaye à contribution.

En 1474, les Bourguignons pillent et dévastent Hohenburg.

Au quinzième siècle, démonstration des Rustauds contre le monastère.

Aux dévastations il faut joindre les incendies, dont le manque d'eau favorisa toujours les ravages.

En 1199, incendie général de l'abbaye. L'église seule est sauvée.

En 1224, incendie d'une grande partie du monastère.

En 1244 et en 1301, incendie de la forêt qui couvre la montagne. L'incendie gagne le couvent.

En 1400, nouvel incendie d'une grande partie de l'abbaye.

En 1473, incendie par suite des ardeurs du soleil.

En 1546, incendie terrible qui ruine Hohenburg. La chapelle de Sainte-Odile est préservée.

Sept incendies, des dévastations répétées, des vicissitudes sans nombre ont nécessairement lacéré les annales de Hohenburg, et l'on comprend que le catalogue de ses abbesses ne soit pas complet. Tant de fois renversé, Hohenburg s'est toujours relevé de ses ruines et de ses cendres, et a maintenu

un rang éminent qu'attestent des bulles romaines
et des diplômes impériaux. Ses abbesses appartenaient aux plus illustres familles.

On ne peut déterminer l'époque précise où Hohenburg devint une abbaye noble. Le plus grand
nombre de ses religieuses sortant de la noblesse,
les circonstances amenèrent peu à peu d'elles-mêmes
une transformation que l'Eglise a subie plutôt
qu'approuvée.

Au commencement du onzième siècle, Hohenburg
avait une pieuse abbesse, du nom d'Odile, qui alla
mourir saintement à Verdun. De son temps, le
monastère était probablement sorti des ruines
laissées par les Hongrois, mais d'autres ruines
suivirent de près son éloignement. La désolation
habitait sur la sainte montagne quand, vers l'an
1045, Bruno de Dagsbourg, évêque de Toul, à
la fois fidèle au culte de sainte Odile et au souvenir
de ses ancêtres, songea à restaurer le sanctuaire
de sa famille et de l'Alsace. En 1050, Bruno devenu
le pape Léon IX, revint dans les contrées du Nord :
« ayant la sollicitude de toutes les églises, il n'oublia ni l'Alsace, ni Odile, *ni ceux de ses parents
qui dormaient dans le Seigneur à Hohenburg, ni
ceux qui continuaient à servir Dieu dévotement dans
le monastère.* » Il consacra l'Eglise reconstruite,
composa lui-même des répons de l'office de sainte

Odile, qu'il avait déjà célébrée dans sa jeunesse, et dota Hohenburg d'une bulle célèbre, témoignage de l'âme grande, pieuse et patriotique du saint pape.

L'histoire de Hohenburg signale une crise du monastère spolié, dans la première moitié du douzième siècle; mais la vie de la fondation de sainte Odile se ranima bientôt avec une puissance merveilleuse, et Hohenburg vit arriver l'époque de sa plus grande gloire. Frédéric Barberousse fit venir du couvent de Bergen en Bavière sa parente Relinde, et lui confia Hohenburg. Cette éminente abbesse restaura les bâtiments et plus encore la discipline; elle mit en vigueur la règle de saint Augustin, conformément aux prescriptions du concile de Reims de l'an 1148. Elle aimait les lettres et l'on conserve quelques-unes de ses strophes, où son âme contemplative, mal à l'aise dans les formes étroites du vers léonin, cherche à s'épancher et déborde malgré la barrière de la rime. Relinde forma Herrade de Landsperg, qui lui succéda: Herrade, active et énergique comme les saintes du septième siècle, fondatrice du prieuré de Saint-Gorgon et du couvent de Truttenhausen; Herrade, initiée à la théologie, à la philosophie, aux connaissances du moyen-âge, artiste admirable de charmes et de fécondité, poète si tendre quand elle s'adresse à son troupeau spirituel, si saintement enthousiaste quand elle chante l'enfant de Bethlehem, si inépuisable quand elle veut peindre la vanité des choses humaines; Herrade enfin, l'auteur du *Hortus Deliciarum*.

Voici la préface de ce beau manuscrit, dédié aux compagnes de Herrade. « Semblable à une abeille, j'ai tiré le suc des fleurs de l'Ecriture et de la philosophie; j'en ai formé un seul rayon de miel, en l'honneur du Christ, à la gloire de l'Eglise, et en vue de vous réjouir. Nourrissez-vous assidûment de ce que ce livre vous offre; qu'il en dégoutte comme une substance qui ranime votre âme dans ses lassitudes; que, livrées aux tendresses de l'époux céleste et inondées de délices spirituelles, vous avanciez d'un pas sûr à travers le monde qui passe, pour arriver aux joies éternelles. Moi-même, qui dirige ici-bas ma barque dans une voie pleine de périls, au milieu des vagues agitées, puissé-je toujours avoir le secours de vos prières! Puisse mon âme, dégagée des affections terrestres, prendre avec vous son essor dans l'amour du bien-aimé! »

Nous renonçons avec peine à reproduire une ode du *Jardin des délices*, adressée aux religieuses de Hohenburg, et qui est de tout point digne du siècle du *Jesu dulcis memoria*. Nous en donnons les deux premières strophes:

« Salve, cohors virginum
Hohenburgensium,
Albens quasi lilium,
Amans Dei Filium.

« Herrat devotissima,
Tua fidelissima,
Mater et ancillula,
Cantat tibi cantica. » (1)

L'analyse suivante, empruntée à M. Spach, apprécie d'une manière remarquable l'œuvre de Herrade.

« Ne perdons pas de vue que le *Jardin des délices* était destiné aux religieuses de sainte Odile, qu'il devait être pour elles un recueil encyclopédique de tout savoir « licite ; » il devait leur faire connaître le monde réel, sans le rendre trop aimable, trop attrayant ; il devait leur ouvrir les espaces du ciel et les profondeurs de l'abîme, sans mêler à ces conceptions mystiques les dangereuses fictions des poètes profanes.... Que d'écueils à éviter sur cette mer du savoir et de la poésie, où Herrade se lançait, confiante dans la pureté de ses intentions,

---

(1) « Je vous salue, phalange des vierges de Hohenburg, vous qui êtes blanches comme le lis, vous qui aimez le Fils de Dieu. »

« Herrade, qui vous est dévouée, votre mère et votre servante très-fidèle, Herrade vous chante ses cantiques. »

et soumettant la plus indépendante des facultés humaines, l'imagination à la douce, mais sévère discipline de la foi !...

« Il ne me reste qu'à vous laisser puiser dans votre propre mémoire, en vous plaçant à l'entrée de la Genèse, au moment de la création de l'homme, que l'abbesse raconte, après avoir entretenu ses religieuses de Dieu, des anges, de Lucifer, de la Trinité ! Vous voudrez bien ensuite parcourir en pensée le vaste cycle de l'histoire de l'Ancien et du Nouveau Testament, jusqu'au moment suprême du jugement dernier. Je vous laisse deviner de même les digressions de l'auteur : à l'histoire biblique de la création d'Adam et d'Eve, Herrade mêle des notions élémentaires d'astrologie et de cosmogonie, de géographie, voire même de technologie ; elle retrace le système planétaire de Ptolémée, et indique les éléments de la mythologie païenne : presque côte à côte du tableau de la création, tel que le récit à la fois simple et majestueux de Moïse le retrace, vous voyez Apollon, le Dieu de la lumière sur son char resplendissant.

« La construction de la tour de Babel offre à Herrade un point de rattache pour la description des travaux et des occupations diverses des hommes ; au passage de la mer Rouge par les Israélites et Pharaon se lie la description des mers et des fleuves ;

et sur le sépulcre de Moïse, à l'entrée de la Terre-
Sainte, la lutte de Satan et de saint Michel per-
sonnifie la guerre du bon et du mauvais principe,
qui se reproduit dans le cœur des hommes les plus
haut placés et dans l'histoire même des nations
spécialement protégées de Dieu.

« Lorsque Herrade touche à la naissance du
Christ qu'elle célèbre par des cantiques enthousiastes, elle remonte un moment le cours des âges,
et place, à côté de l'histoire du peuple de Dieu,
par une espèce de parallélisme instructif et hardi,
toute l'histoire profane depuis l'origine du monde
jusqu'au règne de Tibère. La généalogie du Sauveur,
dont le sacrifice expiatoire va s'accomplir, est
rendue sensible par un tableau digne de l'imagination de Dante Alighieri, dont Herrade est, sous
plus d'un rapport, le précurseur ou l'avant-garde,
s'il m'est permis de me servir de cette expression
matérielle pour indiquer une parenté spirituelle.
Cette puissante · faculté de rendre sensibles les
idées théologiques et abstraites, qui caractérise à
un si haut degré l'immortel auteur de la « Divine
Comédie », Herrade la possède aussi, mais à un
degré moindre et non réglé par des études classiques.
Ainsi l'intime union de l'Ancien et du Nouveau
Testament, le triomphe final de l'Eglise, la lutte
des vices et des vertus, les efforts de l'homme pour

atteindre la couronne céleste et les tentations
qui l'en détournent, toutes ces graves questions,
reprises et jamais épuisées par les théologiens, les
philosophes, les moralistes de tous les âges, deviennent pour Herrade le sujet de compositions
aussi ingénieuses que hardies.

« ...... L'histoire de l'Antechrist, de son règne
éphémère, des tortures qu'il inflige aux croyants
qui refusent de l'adorer ; le jugement dernier, rendu
sensible par un tableau gigantesque, le ciel et la
terre en combustion, la naissance d'un nouveau
ciel plus éclatant, d'une nouvelle terre parée d'un
éternel printemps où les élus se promènent et se
reposent à l'ombre des palmiers ; le règne final du
Christ, royaume où les rangs d'ordre sont hiérar-
chiquement assignés, l'enfer et ses tortures, tous
ces tableaux ouvrent derrière leur enveloppe matérielle des perspectives infinies ; le ciel et la terre
se confondent dans ces vastes compositions ; les
idées dogmatiques y prennent corps, l'abîme nous
montre ses mystères terrifiants, et le paradis sou-
lève le voile qui nous cache ses félicités (*). »

Dans la dernière année de sa vie, Herrade eut
à consoler une immense infortune : Sybille, veuve

(*) *Lettres sur les Archives départementales du Bas-Rhin,*
p. 182-185.

de Tancrède, roi de Sicile, prisonnière de Henri VI, vint à Hohenburg avec ses deux filles.

Lorsque l'abbesse Herrade entra dans la joie du Seigneur, qui est le dernier écho de tous ses chants, elle fut dignement remplacée par Edelinde (1), qui, « *semblablement n'a pas été moins docte, car elle a fait plusieurs excellents anagrammes et compositions en rythmes* » (2).

Edelinde paraît avoir été abbesse de Niedermunster et de Hohenburg. Après elle, il y a encore de grands noms dans le catalogue des abbesses du monastère de sainte Odile ; les abbesses sont même appelées princesses du saint-empire ; mais l'ère de gloire est passée, le déclin commence, les religieuses deviennent de moins en moins nombreuses ; l'influence du siècle, en gagnant le monastère, atteint la discipline, transforme la règle, énerve la vie. En 1546, quand l'incendie vient réduire pour la septième fois Hohenburg en cendres, il n'y a plus de Relinde pour ranimer une institution capable encore d'une longue existence et de grands bienfaits. Dès l'année 1548, l'abbesse Agnès d'Oberkirch cède l'abbaye de Hohenburg à Erasme, évêque de Strasbourg.

(1) Ou Gerlinde.

(2) Jean de Ruyr, cité par M. L. Levrault.

Pendant que Hohenburg se développait, traversait des crises nombreuses, se relevait toujours, et jetait un lustre éclatant sous les abbesses Relinde, Herrade et Edelinde, Niedermunster avait aussi ses épreuves et ses consolations. Deux saintes ouvrent le catalogue de ses abbesses : Gundelinde et Eimhilde. Au temps de Charlemagne, les vierges du monastère formaient une sainte communauté : « elles craignaient Dieu, tenaient leur lampe remplie d'huile et attendaient l'appel de minuit. » Un fragment de la vraie croix valut à Niedermunster une réputation extraordinaire durant plusieurs siècles, et attira d'augustes pélerins, parmi lesquels Richard Cœur-de-Lion. Le fragment était enchâssé avec d'autres reliques dans une croix très-riche. La légende de l'origine de cette croix est pleine de merveilles, que Grandidier a essayé de réduire aux proportions de l'histoire. « Hugues, comte en Alsace, ayant reçu de Charlemagne quelques-unes de ces reliques de Jérusalem, dont Aaron, roi de Perse, avait fait présent à cet empereur, il voulut en gratifier l'abbaye de Niedermunster dont la fondatrice lui était alliée, et il les y fit transporter par un chameau. Cet animal, qu'on avait fait venir d'Asie en Europe, pouvait alors paraître aussi extraordinaire en Alsace que le fut en France l'éléphant nommé Abulabaz, envoyé par le roi de Perse

à Charlemagne. Nos anciens historiens marquent
l'année de la mort de cet éléphant comme un évènement fort intéressant. Le chameau, que l'empereur Rodolphe conduisit avec lui à Colmar en
1289, ne fit pas moins de bruit en Alsace, et on
s'empressa d'en conserver la mémoire dans les
annales de cette ville. Ainsi il ne doit pas paraître
étonnant de voir un chameau nourri et longtemps
révéré dans l'abbaye de Niedermunster comme un
animal fort rare. Les abbesses firent même représenter dans leurs armoiries et leurs sceaux un
chameau chargé d'une croix (*). » — La célèbre
croix fut enlevée au douzième siècle, mais on la
retrouva et elle ne cessa plus d'être le grand trésor
de Niedermunster jusqu'à la ruine de l'abbaye.

Niedermunster ayant été incendié, l'abbesse Edelinde, que nous avons déjà nommée, fit construire
une église monumentale sur les ruines et au-dessus
de la crypte de l'ancienne église. L'évêque de
Mantouc, légat du pape Adrien IV, la consacra, l'année 1180, en présence de l'évêque de Strasbourg,
Conrad de Lichtenberg. Il y a trente ans, les ruines
de cette église étaient encore assez bien conservées
pour rappeler son antique gloire. « La grandeur
des nefs, la croisée, surtout la crypte aux propor-

(*) *Histoire de l'Eglise de Strasbourg*, t. 1er, p. 365.

tions si majestueuses et si sobres, dont les beaux
appareils aux teintes blanchies par leur enveloppe
séculaire de terre se penchaient avec tant de mélancolie dans la solitude du vallon, entre les
grands sapins et les grandes roches, tout en faisait
un des monuments religieux les plus remarquables
de l'Alsace, malgré les injures de trois siècles
d'abandon (*). »

La décadence de Niedermunster correspond à celle
de la plupart des anciens monastères. De nouveaux
ordres religieux, appropriés à des temps nouveaux,
avaient surgi ; la vitalité et la fécondité monastiques avaient passé à eux. Ce fut aussi un incendie
qui amena la désolation, le silence et la mort à
Niedermunster, en l'année 1542. Les religieuses
se dispersèrent. Quelques-unes d'entre elles, dans
une touchante inspiration de piété, prirent ce qu'elles
avaient de plus cher, la croix miraculeuse et les
reliques, et se réfugièrent à Hohenburg. C'est de
Hohenburg qu'étaient venues les premières habi-
tantes de Niedermunster; c'est à Hohenburg que
retournèrent les dernières religieuses. Hélas! nous
savons que l'incendie devait encore les poursuivre.
L'incendie semblait se trouver là comme l'ange du

(*) L. Levrault, *Sainte-Odile et le Heidenmauer*, p. 67. — Nous
avons consulté souvent ce travail érudit et consciencieux.

paradis, à l'épée flamboyante : il était résolu que l'asile ouvert par la patronne de l'Alsace demeurât fermé. La croix de Niedermunster, remise entre les mains de l'évêque de Strasbourg, fut confiée plus tard à la garde des pères Jésuites à Molsheim.

Ce qui devait contribuer à l'abandon de Hohenburg, c'était une disposition du concile de Trente, qui engageait à transférer dans l'enceinte des villes et des bourgs les couvents de femmes isolés : les guerres et les troubles continuels les exposaient à de grands dangers. Toutefois, la sainte montagne ne fut pas complètement délaissée: le pèlerinage continua ; le sanctuaire de la patronne de l'Alsace resta cher à tout le peuple aux jours de deuil comme aux jours de gloire. Les Prémontrés d'Etival, établis à Saint-Gorgon, chargés depuis 1178 du service de l'autel de sainte Odile, montèrent pieusement la garde auprès du tombeau de la sainte. On entreprit de reconstruire l'église en 1603; les plus urgentes restaurations étaient faites, quand la série des dévastations recommença. En 1622, les Luthériens de Strasbourg envoyèrent au mont Sainte-Odile les bandes fanatiques de Mansfeld, dont nous avons déjà raconté les exploits : ils profanèrent les reliques de sainte Eugènie, essayèrent de briser le sarcophage de sainte Odile, et mirent le feu aux bâtiments qu'ils avaient dépouillés. Ces dégâts furent promptement réparés, grâce à la munificence de l'évêque de Strasbourg, l'archiduc Léopold, et aux soins dévoués du suffrayant Paul d'Aldringen. Vinrent les Suédois, qui pillèrent et saccagèrent Hohenburg avec une fureur sacrilège. Après quarante ans d'un calme incomplet, les Brandebourgeois allèrent jusqu'à enlever l'orgue de l'église. L'incendie acheva l'œuvre de ces démolisseurs en 1681 : il laissa seulement les chapelles, que le feu n'a jamais pu entièrement détruire. Ce fut, avant la Révolution, le dernier grand désastre de Hohenburg.

En 1663, Hohenburg était devenu une résidence des Prémontrés. Ceux-ci se montrèrent dignes de leur séjour : ils étaient pieux et zélés, et ils aimaient la science. Après l'incendie de 1681, on les vit parcourir les bords du Rhin, demandant une obole au nom de sainte Odile ; ils purent ainsi reconstruire leur demeure, restaurer les chapelles, relever l'église. Leur communauté compta des hommes distingués : nous ne citerons que le pieux poète Moreaux, Peltre, auteur d'une biographie de sainte Odile, et le savant Denis Albrecht qui a le mieux mérité de l'histoire de sainte Odile et de l'histoire de Hohenburg.

La Révolution fut plus impitoyable que les Hongrois et les démoliseurs fanatiques du dix-septième siècle. Elle chassa les religieux, spolia et dégrada le sanctuaire, brisa la chaire et les autels, souilla les murs de l'église, des chapelles, des cellules, et vendit l'orgue du monastère. Poursuivant Dieu dans ses saints, elle aurait voulu outrager les ossements de sainte Odile ; mais elle ne réussit pas à enlever les reliques de la sainte ; elle put moins encore atteindre l'amour de leur patronne au cœur des populations alsaciennes.

En 1799, le chanoine Rumpler, « un des plus dignes fils de cette ville d'Obernai si justement fière de s'être élevé aux lieux où naquit sainte Odile (*), » acheta Hohenburg pour le rendre au culte. Hélas ! le temps de l'épreuve n'était pas terminé. Devenu propriété privée, Hohenburg fut encore revendu, passa au plus offrant, et fut indignement exploité avec ses souvenirs et son pèlerinage. Les saintes reliques durent même servir parfois à la spéculation.

La piété populaire fit explosion d'une manière touchante le 7 juillet 1841. Nous demanderons à M. de Bussière le récit de cette belle manifestation.

« Le 7 juillet 1841, à neuf heures du matin, les ossements de sainte Odile, patronne de l'Alsace, retirés du tombeau dans lequel ils avaient reposé pendant une longue suite de siècles, devaient être

(*) M. L. Levrault, *Sainte-Odile et le Heidenmauer*, p. 49.

exposés à la vénération des fidèles, sur l'autel même de la chapelle qui porte son nom.

« Dès la veille du jour désigné pour la fête, la montagne de Hohenburg présentait le spectacle le plus animé. Les habitants de l'Alsace, de la Lorraine et du pays messin, y arrivaient en foule; et tout en la gravissant, on les voyait s'écarter de la route frayée, pour cueillir des fleurs et de la verdure destinées à embellir la vieille église de Sainte-Odile. De grands vases étaient préparés sur l'autel et sur la boiserie qui fait le tour de l'édifice, afin de recevoir la digitale, l'épilobe, le lierre et la fougère qu'apportaient successivement les voyageurs. On avait planté devant chacune des colonnes de la nef un beau sapin coupé dans la forêt voisine; des guirlandes de buis et de feuilles de chêne liaient les arbres entre eux, et entouraient leurs troncs de manière à leur donner l'apparence des colonnes torses. Une estrade très-élevée et drapée avec élégance était disposée dans l'avant-chœur pour porter la châsse destinée à contenir les reliques de la sainte patronne du pays. Le tombeau et les autels d'Odile étaient richement décorés; on avait couronné de fleurs sa statue. Dans la soirée, des milliers de pèlerins circulaient sur l'esplanade supérieure de Hohenburg. Ils visitaient les divers sanctuaires réunis au sommet de la montagne. Les

curieux se portaient surtout dans la chapelle du
Calvaire, où l'on voyait une châsse en bois précieux
contenant les reliques d'Adalric, plusieurs peintures représentant les scènes principales de la
passion, un grand tableau offrant réunies les gé-
néalogies des maisons d'Alsace, de Lorraine, de
France et d'Autriche, qui toutes tirent leur origine
d'Adalric et de Berswinde, enfin un lit antique de
forme royale et que la tradition dit avoir appartenu
au roi Dagobert. L'une des salles de la maison
conventuelle attirait également la foule. Là se
trouvait la grande et belle châsse destinée à recevoir
les ossements d'Odile; une autre châsse, contenant
ces restes précieux et renfermée dans la première,
portait de riches coussins sur lesquels était couchée
la statue de notre sainte, tenant en main le livre
d'office, ayant la grosse abbatiale à ses côtés, et
revêtue du costume sous lequel elle est représentée
dans les anciens monuments.

Le 7 juillet, le son des cloches annonça, dès
trois heures du matin, aux pèlerins impatients,
que les portes de l'église allaient être ouvertes, et
que la première messe commençait. L'édifice sacré
est aussitôt rempli, la masse des fidèles s'élance
dans le sanctuaire, au bout de peu de minutes il
n'y a plus moyen de trouver place. — Bientôt les
chapelles voisines, la grande cour du monastère, et

la pelouse qui la précède, sont encombrées; mais un ordre admirable règne parmi cette multitude, composée d'individus d'âge, de sexe et de rangs différents; tous les visages expriment la foi, la piété et la plus fervente dévotion. Quatre-vingts prêtres venus de l'Alsace, de la Lorraine, du grand-duché de Bade, et même de la Hollande, rehaussent par leur présence l'éclat de cette fête à la fois religieuse et nationale. — Les messes se succèdent sans interruption à plusieurs autels jusqu'après midi.

« Le vénérable curé d'Oberehnheim, lieu de la naissance de sainte Odile, donne le signal du commencement de la cérémonie, à neuf heures du matin. La procession sort de l'église et se met en marche; arrivé devant la châsse, le clergé entonne l'hymne d'usage; six prêtres se chargent du précieux fardeau; puis la procession fait le tour du plateau qui se trouve en face de l'église; l'encens fume, le son des cloches se mêle à celui de la musique et des chants religieux. La châsse traverse majestueusement la foule qui s'écarte avec respect pour lui ouvrir un passage, toutes les figures s'animent, les mains se joignent, les têtes s'inclinent, et des larmes coulent des yeux de la plupart des assistants.

« Après cette marche triomphale, la châsse est momentanément déposée; le président de la fête,

vieillard plus qu'octogénaire, monte sur une chaire
préparée à cet effet dans la cour du couvent, et fait
en allemand l'éloquent panégyrique de la sainte ;
puis la procession se remet en mouvement et entre
dans l'église, au milieu des chants solennels du
clergé ; — la châsse est placée sur l'estrade. — La
grand'messe commence. Pendant le saint sacrifice,
et durant les deux heures qui suivent sa célébration,
des prêtres font baiser une relique à la multitude
avide de témoigner ainsi de sa confiance en sainte
Odile : il faut enfin, pour que tous puissent satisfaire à leur dévotion, que le clerc chargé de sa
relique vienne se placer à la porte de l'église. —
Un salut solennel termine la cérémonie (*). »

O attraits irrésistibles des reliques de sainte Odile,
les siècles n'ont donc rien pu contre votre puissance surnaturelle ! — Malgré le triomphe du 7
juillet 1841, il y eut encore des jours de deuil pour
Hohenburg. Mais l'heure d'une réparation tardive
approchait. Dans la catholique ville de Colmar avait
germé la pensée pieuse et patriotique de racheter le
mont Sainte-Odile, au nom de l'évêché de Strasbourg : Mgr l'évêque, qui a toujours su comprendre les gloires de son église, fit un appel à son
diocèse; et, le 13 Août 1853, le dernier et le plus

(*) **M.** de Bussière, *Histoire de sainte Odile*, **p. 149 – 154.**

glorieux débris du domaine de Hohenburg fut ven-
du, nous l'espérons, pour la dernière fois, afin d'appartenir de nouveau à Dieu et à l'Eglise, à qui le
duc Adalric l'avait donné. Au mois de novembre
de la même année, une communauté de religieuses
du tiers-ordre de saint François prit possession des
bâtiments autrefois occupés par les Prémontrés. Un
homme se rencontra qui semblait avoir reçu mission
de restaurer les plus saints lieux de notre province.
Les pèlerins l'ont vu souvent, allant d'un endroit
de la montagne à l'autre, ne se fatiguant jamais
malgré son grand âge, s'arrêtant calme et recueilli
partout où il y avait un souvenir à remettre en
honneur, une ruine à relever. A Sainte-Odile, tout
le monde savait alors et sait encore maintenant son
nom. Quand il eut organisé de nouveau la prière
auprès du tombeau de la patronne de l'Alsace,
effacé toute trace de profanation et de dégradation,
appelé l'art pieux à son secours pour ressusciter
l'histoire de Hohenburg, il se fit le guide du pèlerin
pour lui montrer toutes les gloires, toutes les merveilles de la montagne (*). Aujourd'hui, le cœur de
l'Alsacien, qui se serrait naguère si tristement au
mont Sainte-Odile, s'y dilate avec une joie incomparable.

(*) L'auteur vénéré du *Guide du Pèlerin au mont Sainte-Odile*,
N. Schir.

CHAPITRE XIV.

Le mont Sainte-Odile.

C'est le siècle dernier qui a amoncelé les ruines monastiques et, avec elles, les ruines sociales; plusieurs des monastères que nous avons nommés dans ces pages avaient cessé d'exister dans les siècles précédents : aucun n'a disparu sans laisser quelque trace, quelque débris, quelque ruine, quelque souvenir: d'une manière quelconque, ces créations d'un autre âge ont lutté contre l'anéantissement. Hohenburg, on vient de le voir, n'a jamais pu être complètement rasé, ni complètement effacé de la mémoire des hommes. Renversé si souvent, il s'est toujours relevé, et aujourd'hui encore il est debout, montrant ses restes antiques. Plus que ces restes, le souvenir d'Odile a été impérissable. Comme il est vivant! comme il s'empare de l'âme! comme il plane sur la hauteur! On cherche là les traces d'Odile comme le peuple cherchait l'empreinte de ses doigts sur les rochers au bord du chemin. On regarde Ehenheim, où elle fut donnée au monde; on voudrait découvrir Palma au-delà des limites de l'horizon; on voit en pensée la route que parcourut la basterne du comte Hugues; on se représente les émotions du retour; on désire connaître le lieu où Odile vécut dans la retraite et pria pour Adalric; on cherche à deviner l'endroit où elle traversa le Rhin; on la suit dans sa fuite, avec je ne sais quelle anxiété, jusqu'à ce qu'elle arrive à la roche hospitalière. Puis, c'est le palais mérovingien qui change d'aspect, le *castellum* armé pour la guerre qui devient un séjour de paix. On assiste à la fête de l'inauguration du monastère: la puissance magique de l'imagination évoque en un clin d'œil la famille religieuse d'Odile; on est témoin de toutes les scènes de Hohenburg. Douces et saintes ombres, pourquoi ne demeurez-vous pas? Pourquoi fuyez-vous si tôt? La présence des profanes vous est-elle encore importune?

L'intelligente et pieuse restauration de Hohenburg a obéi au sentiment qui s'impose invinciblement. Odile domine tout; Odile est partout. Les anciennes chapelles sont là, et on y trouve Odile.

On la trouve dans la délicieuse chapelle qui porte
son nom, qui conserve ses reliques, qui était la
chère chapelle de Saint-Jean-Baptiste; on la trouve
dans la mystérieuse chapelle de la Croix, auprès
des débris de la tombe d'Adalric et de Berswinde;
on la trouve principalement, avec l'attrait de la
douleur, dans la chapelle des Larmes. Sois bénie,
ange de piété filiale, sois bénie de tes larmes, et
permets-nous d'y mêler les nôtres.

Nul d'entre les pèlerins ne passe sans visiter la
source que Dieu fit jaillir à la prière de sainte
Odile, cette source « où sainte Richarde rafraîchit
des yeux trop fatigués de larmes, cette source à
laquelle Sybille d'Apulie vint demander de rendre
la vue à son jeune enfant (*). » Comme elle sort
mystérieusement du flanc de la montagne! Comme
tout est religieux auprès d'elle: l'aspect austère et
comme recueilli du rocher, l'humble croix de pierre
qui le surmonte, le faible bruit de l'eau, qui parle
un langage compris par l'âme chrétienne!

Mais avec quelle émotion on s'approche de Niedermunster! avec quelle tristesse on s'assied sur
ses ruines! avec quel empressement on cherche la
place des trois tilleuls! avec quelle piété on s'agenouille dans la chapelle solitaire de Saint-Nicolas!

(*) L. Levrault, *Sainte-Odile et le Heidenmauer*, p. 65.

Elle est seule debout, la chapelle de la charité. Les broussailles couvrent les pierres éparses de la majestueuse église où l'on vénérait la croix miraculeuse; deux tilleuls séculaires, deux vieux troncs, s'élèvent sur les souches plantées par Odile ; un coup de vent a renversé le troisième : il serait cruel de ne pas permettre à ses racines de pousser un nouveau rejeton. Quand on est à Niedermunster, à l'aube du jour ou lorsque l'ombre du soir descend de la montagne, on croit voir à tout moment Odile sortant de la forêt pour venir à ses religieuses et à ses infirmes, ou Odile disparaissant derrière les arbres et retournant à Hohenburg.

Non! il n'est pas en Alsace un lieu semblable au mont Sainte-Odile. La nature lui a donné à la fois tout ce qu'elle a d'austérité et de splendeur; l'histoire l'a marqué de toutes ses empreintes; Dieu lui a prodigué ce qu'il réserve aux terres prédestinées. O mont Sainte-Odile, que tu es beau avec tes fières assises de roches nues! Que tu es beau en ton verdoyant manteau de sapins, aux plis audacieux! Que tu es beau quand le soleil de juillet t'inonde de ses rayons et dore l'opulente plaine de l'Alsace, qui s'étend devant toi, immense et dans toute sa gloire! Que tu es beau encore quand l'orage approche, quand l'éclair sillonne la nue qui t'enveloppe, quand le tonnerre bondit de montagne en montagne! O mont Sainte-Odile, que tu es imposant avec ton vieux mur; avec tes retraites où règne le silence, où régnait le mystère; avec ton enceinte de tours et de manoirs en ruines! Mais, ô mont Sainte Odile, que tu es cher avec tes reliques, tes chapelles, ta source, tes récits, ton histoire, ta sainte!

— FIN. —

TABLE.

—

CHAPITRE XII.

CHAPITRE XIII.

CHAPITRE XIV.

www.ingramcontent.com/pod-product-compliance
Lightning Source LLC
Chambersburg PA
CBHW061009280326
41935CB00009B/891